Allitera Verlag

ROLAND ERNST wurde 1967 in Westerstede in Niedersachsen geboren. Er studierte Geschichte und Psychologie und arbeitet als Autor, Ghostwriter und psychologischer Coach, insbesondere für gesellschaftliche Randgruppen. Er veröffentlichte zu Themen wie Geschichte, Zeitgeschehen, Film, Design und Literatur u. a. in der *Frankfurter Allgemeinen Zeitung*. Zudem ist er Gastdozent an der Georg-August-Universität Göttingen zum Thema Todesstrafe.

ROLAND ERNST

Der Vollstrecker

Johann Reichhart. Bayerns letzter Henker

Allitera Verlag

Originalausgabe März 2019
Allitera Verlag
Ein Verlag der Buch&media GmbH, München

Herstellung und Umschlaggestaltung: Franziska Gumpp
Umschlagmotiv: Johann Reichhart, 20.12.1967 © ullstein bild – TopFoto
Gesetzt aus der Hypatia Sans Pro und der Adobe Garamond Pro
Printed in Europe · 978-3-96233-102-3
Allitera Verlag
Merianstraße 24 · 80637 München
T. 089 13 92 90 46 · M. info@allitera.de
www.allitera.de

Und wenn du lange in einen Abgrund blickst,
blickt der Abgrund auch in dich hinein.

Friedrich Nietzsche

Inhalt

Nur am Rande der Geschichte?

Sicher, Johann Reichhart (1893–1972) ist eine Nebenfigur in der deutschen Geschichte, aber die Geschichte besteht aus vielen, eher randständigen Biografien, die ihren Lauf mitbestimmen. Sie ist nicht allein das Produkt von Berühmtheiten. Ohne die vielen Namenlosen wäre sie unmöglich – jene, die in Revolutionen mitlaufen, Reformen mittragen oder aber aufgrund eines Berufs oder einer Berufung ein Rädchen in der Geschichte wurden. Dass Johann Reichhart Henker wurde, war kein unausweichlicher Unfall innerhalb seiner Biografie.

Aber war es Zufall, dass er mit seinem Handeln Teil der deutschen Geschichte wurde? Es war kein »Lojka-Effekt«, nach dem jeder zufällig die Weltgeschichte beeinflussen könnte. Benannt ist dieser Effekt nach Leopold Lojka (1886–1926), jenem Chauffeur des Automobils, in dem der österreichische Thronfolger Franz Ferdinand (1863–1914) am 28. Juni 1914 in Sarajewo einem Attentat zum Opfer fiel und infolgedessen sich willkürlich und außerordentlich zielgerichtet der Erste Weltkrieg entwickelte. In dem Fall war es eben nichts weiter als ein nichtgedrücktes Gaspedal: Der Wagen blieb für einen Moment stehen und gab dem Attentäter Gavrilo Princip (1894–1918) damit die Möglichkeit, aus unmittelbarer Nähe auf den Thronfolger zu zielen und ihn und seine Frau zu töten.

Johann Reichhart rutschte zwar – wie Leopold Lojka – als völlig Namenloser in das Getriebe der deutschen Geschichte, aber in seinem Fall war es weniger Zufall als vielmehr seine Position und sein Beruf. Es war kein Gaspedal, das er nicht drückte, sondern er zog bewusst einen Sperrhebel, der das Fallschwert auslöste. Damit richtete er unter anderem Menschen hin, die für eine andere Entwicklung Deutschlands und der Welt nötig gewesen wären. Dazu gehörten die Geschwister Hans und Sophie Scholl sowie andere Mitglieder der Weißen Rose, seine prominentesten Delinquenten. Sie gehörten sicher zu jenen Widerstandskämpfern gegen den Nationalsozialismus, die ein ähnliches Deutschland und Europa wollten, wie das, in dem wir heute leben.

Reichhart machte keine Weltgeschichte, aber er nahm an ihr teil – als Diener drei verschiedener Systeme, die jeweils das Vorgängersystem vernichteten. Die Weimarer Republik wurde durch das »Dritte Reich« und das »Dritte Reich« durch die alliierten Besatzungsmächte hinweggefegt. Aber eines hatten sie alle gemeinsam: Johann Reichhart war in allen Systemen Henker – eine kleine Vollzugsmacht für alle Mächte, gewissermaßen ein Saisonarbeiter der Vollstreckung.

Johann Reichhart, 1893–1972

Dabei begann Reichharts furchtbare, blutige, rächende und sühnende Hinrichtungstätigkeit nicht einmal im »Dritten Reich«, sondern bereits 1924, als Adolf Hitler noch – sehr luxuriös – mit einigen Gefolgsleuten seine Haftstrafe in Landsberg am Lech absaß. Dort diktierte er seinem Sekretär Rudolf Heß *Mein Kampf*, als Johann Reichhart mit gerade einmal 31 Jahren 1924 von seinem Onkel Franz Xaver Reichhart das Amt des sogenannten Nachrichters übernahm, wie dieser blutige Beruf offiziell hieß. Es war eben jenes Buch, in dem die rassistisch und menschenverachtend ausgeklügelte Ideologie radebrechend zusammengefasst wurde, die nicht einmal ganze zwei Jahrzehnte später Reichhart massenhaft Hinrichtungsaufträge und damit vor allem den langersehnten Wohlstand bescheren sollte.

Nebenbei führte Reichhart noch eine Bahnhofsgaststätte in Neubiberg bei München, die er aber bald aufgeben musste, weil er im betrunkenen Zustand oft damit prahlte, dass er so schnell wie kein anderer einen Menschen köpfen konnte.

Weil aber das vom bayerischen Justizministerium gestellte Salär von 150,- Reichsmark pro Tötungsakt nicht zum Leben reichte, war Reichhart auch mal Fuhrunternehmer oder Gemüsehändler oder radelte als Verlagsvertreter durch Oberbayern, um ein Erziehungspamphlet mit dem grotesken Titel *Von Mädchenglück und Frauenliebe* unter die Leute zu bringen. Geschrieben hatte es ein katholischer Priester mit dem vertrauenerweckenden Namen Alphons Maria Rathgeber (1888–1964), der neben seiner seelsorgerischen Tätigkeit verschiedene volkstümliche Schriften zu Glaube und Erziehung veröffentlichte. Sie trugen so verheißungsvolle Titel wie *Beichte würdig!* (1919) oder *Du Mägdlein, höre* (1924).

Auch nach dieser Episode blieb Johann Reichhart dem Menschen und seinem Wohlbefinden auf seine Weise treu: In den Niederlanden brachte er Selbstheilungsprozesse fördernde Hochfrequenzapparate unter die Leute, um seine Familie in München damit finanziell über die Runden bringen zu können. Denn noch waren im Deutschen Reich zu wenige Todesurteile zu vollstrecken, von denen man hätte hauptberuflich leben können. Bei Bedarf wurde Reichhart per Telegramm nach München beordert, um wieder eine Hinrichtung auszuführen. Mit seinen drei Gehilfen richtete er pro Jahr nur maximal vier zum Tod Verurteilte hin.

Todesstrafe – die Lüsternheit des Boulevards

Die gesetzlich vorgeschriebene Höchststrafe kam im Deutschen Reich nach 1871 nur bei Mord zur Anwendung. Nicht selten wurden Verurteilte begnadigt. Auch die SPD hatte in der Weimarer Republik nicht die Todesstrafe abgeschafft – auf ihrem Parteitag in Erfurt 1891, fast 30 Jahre zuvor, hatte sie noch deren Abschaffung gefordert. Die Todesstrafe war fester Bestandteil der deutschen Staats- und Werteordnung. In Bayern war sie in der Landesverfassung bis 1998 festgeschrieben, in Hessen sogar noch 20 Jahre länger. Dass niemand hingerichtet wurde, schreibt das Grundgesetz, das mit der Gründung der Bundesrepublik Deutschland am 23. Mai 1949 in Kraft trat, im Artikel 102 vor: »Die Todesstrafe ist abgeschafft«. Nationales Recht erging damit vor Landesrecht.

In der DDR wurde die Todesstrafe erst 1987 abgeschafft. Dort hatte 1981 die letzte Hinrichtung durch Genickschuss stattgefunden. Noch viel später rang sich die katholische Kirche zur Abschaffung der Todesstrafe durch. Erst am 3. August 2018 beschrieb die »Frankfurter Allgemeine Zeitung« unter der Überschrift *Katholische Kirche rückt endgültig von der Todesstrafe ab* den Wendepunkt innerhalb eines mehr als 20-jährigen Umdenkungsprozesses: »In einem revidierten Abschnitt des Katechismus, der am Donnerstag in Rom veröffentlicht wurde, heißt es, die Kirche lehre ›im Licht des Evangeliums, dass die Todesstrafe unzulässig ist, wenn sie gegen die Unantastbarkeit und Würde der Person verstößt.‹«

Papst Franziskus selbst hatte die Todesstrafe bereits 2015 geächtet. Verwunderlich ist, dass bis weit in die Mitte des 19. Jahrhunderts Vatikanstadt selbst noch Scharfrichter beschäftigte. Die letzte Exekution fand am 10. Dezember 1868 statt: Papst Pius IX. ließ einige Spione hinrichten, obwohl sogar der italienische König Vittorio Emanuele II. inständig um das Leben der zum Tod Verurteilten gebeten hatte.

In Frankreich wurde noch im 20. Jahrhundert öffentlich hingerichtet. In Deutschland fanden die letzten öffentlichen Hinrichtungen Mitte des 19. Jahrhunderts statt. Sie waren für die Bevölkerung ein enormes Spektakel. Ein solches Volksfest beendete 1939 in Frankreich die öffentliche

Exekution. Grund dafür war ein Massenauflauf in den frühen Morgenstunden des 17. Juni 1939 in Versailles. Hingerichtet wurde ein deutscher Serienmörder, der in Frankreich sechs Morde begangen hatte: Eugen Weidmann (1908–1939). Bereits am Vortag waren rund 10 000 Schaulustige in den Ort südlich von Paris gekommen. Die Gaststätten hatten die ganze Nacht geöffnet, damit eine angetrunkene, ausgelassene Gesellschaft um 4.32 Uhr zuschauen konnte, wie Weidmann geköpft wurde.

Letzte öffentliche Hinrichtung in Frankreich: Eugen Weidmann (1908–1939)

Übrigens war unter den Schaulustigen auch ein 17-jähriger Engländer, der mit einem Freund eigens aus Paris angereist war, um diesem blutigen Ereignis beizuwohnen. Später wurde er einer der berühmtesten Dracula-Darsteller. Sein Name: Christopher Lee. Von dieser Hinrichtung gibt es – trotz des damals erlassenen Film- und Fotografierverbots – einen Amateurfilm, den man heute noch im Internet sehen kann. Dieser Film inspirierte übrigens die Hinrichtungsszene im Spielfilm *Mathilde – Eine große Liebe* aus dem Jahr 2004.

Weidmann war ein schöner Mann gewesen, man könnte fast sagen: ein subversives Sexsymbol. Später wurde erzählt, dass anwesende Frauen Taschentücher in das Blut des Killers getaucht hätten. Diese Erzählungen wiederum benutzte der Filmregisseur Claude Chabrol 1960 in einer Szene für seinen Film *Les bonnes femmes*, der in Deutschland allen Ernstes unter dem Titel *Die Unbefriedigten* ins Kino kam.

Selbst der hochkultivierte Valéry Giscard d'Estaing, Frankreichs Präsident 1974 bis 1981, ließ noch 1988 in seinen *Macht und Leben* betitelten Memoiren mit so illustren Kapiteln wie *Über die Gesundheit von Staatsmännern*, *Wie Entscheidungen getroffen werden* und *Frauen in der Politik* in seinem 15 Seiten umfassenden Kapitel *Die Todesstrafe* den Leser wissen: »Die Todesstrafe kann jedoch erst vollstreckt werden, nachdem der Staatspräsident ein vom Anwalt des Verurteilten eingebrachtes Gnadengesuch abgelehnt hat.« Es lag also allein in Giscards Hand, ein Gnadengesuch zu bewilligen oder abzulehnen. Das erste Mal lehnte er es im Juli 1976 ab. Eigentlich wollte er zum Zeitpunkt der Vollstreckung in eine Kirche gehen, um für den Delinquenten zu beten. Um jedoch der Presse damit keinen Gefallen zu tun, blieb er im Élysée-Palast. »Um vier Uhr morgens war es noch dunkel. Kein Laut in den Straßen. Ich zog die Vorhänge zurück. In der Ferne sah ich städtische Straßenreinigungsfahrzeuge. In meinem schweren, noch schlaftrunkenen Kopf versuchte ich, die Abfolge der Ereignisse zu rekonstruieren: die Zelle, die Flure, den Hof. Plötzlich bemerkte ich, dass der Himmel grau geworden ist, ein Lichtstreifen erscheint über den Bäumen. Ich schaue auf den Wecker. Sechs Uhr. Bin ich wieder eingeschlafen? Die Hinrichtung muss bereits erfolgt sein. Ich bekreuzige mich.«

Bedenkt man das alles, verwundert es natürlich nicht, dass es gegen die Todesstrafe in der Weimarer Republik erst recht keinen nennenswerten Widerstand gab. Nachrichter waren zwar als dubiose, zwielichtige Persönlichkeiten verschrien, deren abenteuerliche Geschichten füllten aber gern die Boulevard-Zeitungen. Sie selbst sahen sich einer höheren Gerechtigkeit verpflichtet. Der Fantasie der Journalisten wurde jedoch umso stärker Nahrung gegeben, da Johann Reichhart – einziger Nachrichter in

Bayern – in seinen Arbeitsverträgen immer eine Verschwiegenheitsklausel hatte und, zeitweise vielleicht dadurch angestachelt, Reporter regelrecht Jagd auf ihn gemacht hatten. Über seine geheime Tätigkeit als Vollstrecker durfte er kein Sterbenswörtchen verlieren – aber genau das fachte umso mehr die Fantasie der schreibenden Zunft an.

Ihr musste sich Reichhart bis zu seinem Lebensende immer wieder stellen. So erzählte er 1958 beispielsweise dem unter dem Pseudonym Stefan Amberg schreibenden Autor Will Berthold (1924–2000) viele Episoden aus seinem Leben, die dieser dann im erstmals 1984 erschienen Tatsachenroman *Vollstreckt. Johann Reichhart, der letzte deutsche Henker* verarbeitete.

Er nutzte aber auch in Abständen von rund zwei Jahrzehnten den Journalisten Erich Helmensdorfer (1920–2017) als Sprachrohr, wenn er sich zu seiner Tätigkeit äußerte. Ihm gestand er 1964 auch, dass er inzwischen ein Gegner der Todesstrafe geworden war: »Ich tät's nie wieder.« Helmensdorfer selbst wurde später einer der ersten deutschen Fernsehshowmaster. Die Sendung von Reichharts Vertrauensmann hieß ironischerweise *Alles oder nichts*.

Onkels Stolz und Neffes Schweigen

Als 1904 Johann Reichharts Tante Anna mit 79 Jahren starb, trauerte der – nach der Todesanzeige vom 10. Juni 1904 – 26 Jahre jüngere Ehemann als der »untröstliche Gatte, Frz. Xav. Reichhart, kgl. Nachrichter«. Johann Reichharts Onkel Franz Xaver war stolz auf seinen Beruf als Nachrichter und nannte ihn in der Öffentlichkeit. Als Franz Xaver Reichhart 30 Jahre später starb, stand »in tiefster Trauer und im Namen aller Hinterbliebenen« Johann Reichharts Name ohne jede Berufsbezeichnung unter der Todesanzeige seines Onkels vom 13. Juli 1934.

Henker Franz Xaver Reichhart (rechts) mit einem Unbekannten (links) und seinem Neffen Johann, sein Nachfolger im Scharfrichteramt, in der Mitte, ca. 1920er-Jahre.

Franz Xaver Reichhart war eine anerkannte, tiefgläubige, sehr beliebte Persönlichkeit gewesen. 1913 ließ er – nach zahlreichen vollzogenen Hinrichtungen – die Ölbergkapelle in der Nähe des oberpfälzischen Falkenstein errichten und er war mit den Eltern Karl Valentins befreundet. Valentins Vater, Johann Valentin Fey, war übrigens Fuhrunternehmer – ein Beruf, aus dem viele Gehilfen der Nachrichter rekrutiert wurden. Ob Valentins Vater selbst Franz Xaver Reichharts Gehilfe war, ist nicht bekannt. Bekannt ist allerdings, dass Jahrzehnte später ein Gehilfe Johann Reichharts seinen Friseursalon schräg gegenüber von Karl Valentins Kabarett »Ritterspelunke« im Färbergraben 33 in der Münchner Innenstadt hatte.

Die eleganten Stars der Vollstreckung

Dass die Nachrichter wie kaum eine andere Berufsgattung mit einem immerwährenden, hysterischen Sensationsblick betrachtet wurden, hatte einer von ihnen bewusst provoziert, um damit zusätzlich zu Geld zu kommen. Es war der Preuße Julius Krautz (1843–1921), der heute noch als einer der bekanntesten Scharfrichter in der deutschen Geschichte gilt. Krautz setzte den ästhetischen Maßstab, an dem sich seine Nachfolger in ganz Deutschland orientierten.

Bei der Vollstreckung trug er einen eleganten Frack, Zylinder und weiße Handschuhe. Eine Fotografie zeigt Johann Reichhart in jüngeren Jahren ebenfalls in dieser Garderobe. Das Bild wirkt beinahe wie eine UFA-Starpostkarte, denn Reichhart hält lässig seine Zigarette in der Hand, ähnlich wie der Schauspieler Harry Piel (1892–1963), der große deutsche Actionstar der 1920er-Jahre.

Diese selbstbewusste Pose verwundert nicht. Reichhart war sich seiner Wirkung bewusst. Er fühlte sich als ausführender Teil der Justiz. Seine selbst gewählte Kleidung war eine Uniform der Eleganz und der Gegenwelt, vor allem aber war sie auch der sichtbare Ausdruck einer stolzen

Hochzeitsfoto von Elise und Otto Hampel, 23. Januar 1937

Bürgerlichkeit eines Mannes, der vermeintlich in den Diensten der Gerechtigkeit stand.

Gleichzeitig zeigt sie einen enormen Widerspruch auf: Obwohl er durchaus fein gekleidet war, stand Johann Reichhart bei seiner Arbeit bisweilen knöcheltief im Blut. Trennte das Fallschwert den Kopf vom Rumpf des Delinquenten, schossen im gleichen Augenblick rund 1,5 Liter Blut ins Freie. In den Hinrichtungsräumlichkeiten stank es bestialisch.

Berühmte Opfer

Reichharts Name ist vor allem mit der Hinrichtung der Mitglieder der *Weißen Rose* verbunden und dadurch nach dem Zweiten Weltkrieg bekannt geworden. In den 1950er- und 1960er-Jahren betonte er immer wieder, wie beeindruckend tapfer Sophie Scholl vor ihn getreten sei. Für Reichhart war sie fast eine Heldin – nicht wegen ihrer moralischen Haltung, sondern wegen ihrer Tapferkeit angesichts des Todes. Wie mutig sie vor die Fallschwertmaschine getreten sei, erzählte Reichhart immer wieder und brüstete sich bisweilen damit, die bekannte Widerstandskämpferin hingerichtet zu haben.

Aber diese prominenten Namen waren nur Fußnoten in der Geschichte dieses Henkers. Einen Tag nachdem die Geschwister Scholl in München hingerichtet wurden, war Reichhart bereits in Wien tätig und köpfte an einem Tag 20 Menschen. Das sind Namen, die heute keiner mehr kennt und damals keiner kannte.

Lange Zeit war ebenfalls nicht bekannt, dass Reichhart in Vertretung für Wilhelm Röttger das Ehepaar Otto und Elise Hampel köpfte, das Vorbild für Hans Falladas mehrfach verfilmten Roman *Jeder stirbt für sich allein*.

Mit dem Zusammenbruch des »Dritten Reichs« hörte Reichharts Tätigkeit nicht auf: Für die amerikanische Besatzungsarmee in Bayern hängte er noch über 150 Nationalsozialisten, darunter auch Personal aus dem Konzentrationslager Dachau – ausgerechnet in Landsberg am Lech, wo Hitler *Mein Kampf* geschrieben hatte und täglich vor den Mitgefangenen und dem Gefängnispersonal seine Reden hielt. Im Oktober 1946 unterstützte er den US-Henker John Woods beim Bau des Galgens, mit dem später die Nürnberger Kriegsverbrecher gehängt wurden. Es ist übrigens ein Gerücht, dass Woods bei der Reparatur eines elektrischen Stuhls ums Leben kam. In seiner Ausgabe vom 7. August 1950 meldete das »Time Magazin«, dass er auf der Pazifikinsel Eniwetok durch einen Stromschlag starb: Er wollte eine Beleuchtung reparieren.

Standpunkte eines Vollstreckers

Mit seinen weit mehr als 3150 Hinrichtungen war Johann Reichhart einer der »meistbeschäftigsten« Henker überhaupt. Ein Mann, der eigentlich Tanzlehrer werden wollte. Schuld oder Verantwortung hat Reichhart für das alles nie empfunden. Er selbst sah sich als Vollstrecker, der kein Urteil sprach, sondern eben nur die Todesstrafe ausführte. Das war die moralische Legitimation des tiefgläubigen Katholiken.

Er selbst gab einmal zu Protokoll: »Ich möchte noch betonen, daß ich immer den größten Wert darauf gelegt hatte, daß die Vollstreckungen human und schnell durchgeführt werden. Ich stehe auf dem Standpunkt, daß es eine höhere Macht gibt, vor der ich mich verantworten muß, ob ich meine Hinrichtungen richtig gemacht habe. Daß ich es richtig gemacht habe, können alle Gefängnisgeistlichen und die Aufseher bestätigen.«

An der Frage, ob Johann Reichhart schuldig in einem moralischen oder strafrechtlichen Sinne war, haben sich bereits seine Zeitgenossen abgearbeitet. Reichhart war die perfekte Projektionsfläche. Aber was war Johann Reichhart tatsächlich für ein Mensch? Als 16-Jähriger erlebte ihn der spätere Polizeihauptkommissar Johann Dachs 1944 aus nächster Nähe. Fast

50 Jahre später erinnert er sich: »Er war elegant gekleidet und wirkte auf mich sehr freundlich und höflich, ganz anders, als ich mir damals einen Scharfrichter vorgestellt hatte. Aber es war auch ein sehr eigenartiges Gefühl, einem Mann gegenüberzustehen, der zu diesem Zeitpunkt bereits Tausende von Hinrichtungen mit dem Fallbeil vollzogen hatte.« Dachs ist nicht der einzige, der sich an einen höflichen Mann erinnert. Auch das eigenartige Gefühl ist verständlich, ihm gegenüberzustehen, allerdings ist sehr unwahrscheinlich, dass Dachs wusste, ob Reichhart wirklich »Tausende von Hinrichtungen« ausgeführt hatte. Die Hinrichtungen und die genauen Zahlen waren streng geheim. Allenfalls Gerüchte mag es gegeben haben.

Es gibt einen Film, der Johann Reichhart zeigt, wie er im Mai 1946 in Landsberg hängte. Man sieht einen ernsthaften, streng und konzentriert wirkenden Mann im dunklen Anzug, mit Fliege und weiß gestärktem Hemd. Zugriff gibt es auf die Pressefotos, Aktenbestände, die sich einerseits vor allem um seine Entnazifizierung drehen und andererseits um eine Ermittlung wegen des Tatvorwurfs Mord Mitte der 1960er-Jahre.

Ein Tondokument ist nicht erhalten. Selbst in den Spielfilmszenen wie beispielsweise in *Sophie Scholl – Die letzten Tage* in denen er, dargestellt von dem großartigen Schauspieler Johannes Herrschmann, auftritt, ist er der große schweigende, asketisch wirkende Vollstrecker.

Das Familiengrab auf dem Münchner Ostfriedhof ist erhalten und wird gepflegt. Nicht selten besuchen es Touristen.

Sein Leben ist Vergangenheit – aber war er ein Täter oder ein Mitläufer, wie ihn jede Gesellschaft letzten Endes hat? War er eine Stütze der Gesellschaft oder ein Mann, der mit seiner namenlosen, unauffälligen Existenz das diabolische Grauen des »Dritten Reichs« erst ausmachte? War er ein gefühlloser Saisonarbeiter strafrechtlicher Durchsetzungsfähigkeit, der in jedem politischen System, das als Höchststrafe den Tod vorsieht, seinen im wahrsten Sinn des Wortes rechtmäßigen Platz hat?

Immer wieder Magnet für Touristen:
das Grab der Familie Reichhart auf dem Münchner Ostfriedhof.

Vorleben

Kein Leben ohne Herkunft. Keine Herkunft ohne die Bürde der Vergangenheit. Was Menschen prägt, stellte für Johann Reichhart zeitlebens eine biografische Falle dar: Er selbst schrieb es einerseits einer Art »Familienpflicht« zu, dass er Scharfrichter geworden war. Andererseits war er durch seine familiäre Prägung ein tiefgläubiger Katholik, der Hinrichtungen so human wie möglich ausgeführt wissen wollte und eigentlich aus innerer Überzeugung – anders als die Amtskirche – hätte er die Todesstrafe ablehnen müssen.

Sein Leben bis zu seiner ersten Hinrichtung im April 1924 hatte ein Vorleben, das beinahe typisch für einen Mann seiner Herkunft und seiner Zeit ist. Und doch unterschied es sich in einigen Punkten gravierend von anderen Lebensläufen seiner Zeit. Für ihn selbst erlöste es ihn scheinbar von jeglichem Schuldvorwurf.

Geboren wurde Johann Baptist Reichhart, so sein voller Name, am 29. April 1893 in dem winzigen Ort Wichenbach in der Oberpfalz, das heute zu Wörth an der Donau gehört. Der Gegend ist eine Idylle nicht abzusprechen, zu Reichharts Kinderzeiten war sie abgelegen.

Bis Regensburg sind es rund 25 Kilometer. Sowohl 1174 als auch 1189 soll sich Kaiser Friedrich Barbarossa zu Beginn des Dritten Kreuzzugs in Wörth aufgehalten haben. Über seine Herkunft gab Johann Reichhart 1965 – fast 20 Jahre nachdem er das letzte Mal hingerichtet hatte – knapp, aber fast entschuldigend, zu Protokoll: »Seit ca. 300 Jahren stammen die Scharfrichter in Bayern aus meiner Familie. Der letzte Scharfrichter in Bayern vor mir war mein Onkel Franz Xaver Reichhard [sic!]. Dieser Onkel hat mich mehr oder weniger gezwungen, das Amt eines Scharfrichters zu übernehmen.« Wie so oft wird auch an dieser Stelle der Name Reichhart vom Protokollanten falsch geschrieben. Ob Reichert, Reichhardt oder eben wie an dieser Stelle Reichhard – nachträglich wurde sein Name nie korrigiert und offenbar beließ er selbst es trotz des üblichen Gegenlesens bei der falschen Schreibweise. Beinahe so, als habe er sich damit abgefunden, dass sein Leben ohnehin einer permanenten falschen Deutung unterworfen war.

Aber noch etwas fällt an dieser kurzen Selbstaussage sofort ins Auge:

Johann Reichharts Leben als Henker war Folge einer familiären Verstrickung. Er glaubte Teil einer Tradition zu sein, der er nicht entrinnen konnte und in der er sich noch gefangen sah, als er ein scheinbar ohne jede Gnade und Reue ausgestattetes Subjekt einer Vernehmung war. In der Tat gab es in Reichharts Familie noch einen weiteren berühmten Henker: Lorenz Schellerer (1785–1880), der in die Familie Reichhart eingeheiratet hatte. Er war es, der auf dem Münchner Heumarkt – dem heutigen Rindermarkt – die letzte Enthauptung mit dem Richtschwert durchführte. Allerdings musste er, wie die »Landshuter Zeitung« am 13. Mai 1854 vermeldete, »sieben Hiebe gegen den Delinquenten führen, bis sich dessen Kopf vom Rumpfe trennte«. Es war eine sogenannte Gattenmörderin, die der fast 70-jährige Henker zu enthaupten hatte. Obwohl durch eine schwarze Kapuze unfähig, den Henker zu sehen, wich sie mehrfach mit einer abrupten Bewegung des Oberkörpers seinen Schlägen aus, die dadurch ins Leere gingen. Schließlich wurde sie auf den Richtbock von Schellerers Gehilfen gepresst, wo er sie mit einem gekonnten Schlag schließlich enthauptete. Den abgeschlagenen Kopf hielt er der kreischenden, schon durch Schellerers Unfähigkeit aufgebrachten Menschenmenge entgegen. Danach kam in Bayern nur noch die Fallschwertmaschine zum Einsatz. Lorenz Schellerer starb nach 72 durchgeführten Hinrichtungen im Alter von 95 Jahren in einer Irrenanstalt.

Aber was bedeuten solche Geschichten und die Geschichte seiner Familie konkret für das zukünftige Leben Johann Reichharts? Wie prägten sie ihn?

Eine aussätzige Familie

Sein Vater, der bereits 1902 starb, als der kleine Johann nicht einmal zehn Jahre alt war, verdiente sein kärgliches Geld wohl als Kleinbauer und Abdecker, der dafür sorgte, Tierkadaver zu beseitigen. Beseitigung hieß vor allem in den sogenannten Wasenmeistereien oder Abdeckereien: Resteverwertung. Aus den nicht selten gerade im Sommer schnell stinkenden und faulenden Kadavern wurden Leim, Fette, Seifen, Salmiak, Bleichmittel und Knochenmehl gewonnen. Die Felle, sofern noch zu gebrauchen, wurden Gerbern überlassen. Damit hatten die Reichharts mehrere Jahrhunderte lang ihren Lebensunterhalt bestritten. Die Böden in den Wasenmeistereien waren so mit Giften und Erregern verseucht, dass von ihnen die Gefahr von Seuchen wie etwa dem Milzbrand ausging. Selbst heute sind die Böden dort häufig noch belastet, denn der Milzbranderreger kann mehrere Jahrhunderte überleben. Die Angst unter der Bevölkerung, sich mit Milzbrand und anderen Seuchen anzustecken, war groß.

Auch Johann Reichharts Vater Matthias stand mit seinem Leben noch im Wirkungskreis dieser Familientradition, wenn auch nur nebenerwerblich, denn im Hauptberuf war er Landwirt. Wer in eine Familie von Wasenmeistern hineingeboren worden war, konnte diese Banden eigentlich nicht mehr verlassen. Wasenmeisterfamilien heirateten untereinander, genau wie Scharfrichterfamilien, die oft mit Wasenmeisterfamilien verwandt und verschwägert waren. Viele Wasenmeister waren daneben auch als örtliche Scharfrichter tätig. Sie wohnten außerhalb des Dorfs in ihrer Abdeckerei, die darum zugleich Wohn- und Arbeitsplatz war. Man nannte diese Wohnhäuser auch Schindhütten oder Luderhäuser.

Die Mitglieder der Familie Reichhart waren aufgrund ihres Berufs als Abdecker und Scharfrichter seit dem 18. Jahrhundert »Aussätzige« der Dorfgemeinschaft, zu denen die Bauern der oberpfälzischen Umgebung zwangsläufig ein zwiespältiges Verhältnis haben mussten. Einerseits mieden sie die Wasenmeister und die immer abseits von den Dörfern in regelrechten Schlupfwinkeln liegenden Wasenmeistereien, die dadurch auch beste Versteckmöglichkeiten für steckbrieflich gesuchte Kriminelle boten. Bekanntestes Beispiel hierfür war der legendäre Johannes Bückler, der als sogenannter Schinderknecht Gehilfe eines Wasenmeisters gewesen ist und daher den Namen Schinderhannes erhalten hatte. Die Wasenmeister hatten einen »anrüchigen Beruf«, was bedeutete, dass sie nicht in Zünfte oder ins Militär eintreten durften und von Ehrenstellen ausgeschlossen waren.

Andererseits aber waren die Bauern per Gesetz dazu verpflichtet, den Wasenmeistereien sämtliche anfallenden Tierkadaver zu überlassen. Noch 1905 konnte man über den Abdecker in *Meyers Konversationslexikon* nachlesen: »[...] im Bereich eines Abdeckereiprivilegiums [muss] alles Vieh, bez. Fleisch, was vom menschlichen Genuß ausgeschlossen wird, dem A. überliefert werden.«

Dass Johann Reichhart diese Herkunft als Gradmesser für sein Leben empfinden musste, steht außer Frage. Er hat in späteren Vernehmungen immer wieder bisweilen entschuldigend auf seine Herkunft verwiesen. Inwieweit Johann Reichhart sich selbst als »Aussätzigen« empfunden hat, ist dagegen nur schwer auszumachen.

Aber noch etwas dürfte ins Gewicht fallen: Es ist zu vermuten, dass sich Franz Xaver Reichhart nach dem Tod seines Bruders Matthias um seinen jungen Neffen Johann kümmerte.

Der Onkel: Henker Franz Xaver Reichhart (links) mit Helfern vor der Guillotine, 1890. Bemerkenswert: der schmückende Baldachin

Franz Xaver Reichhart (links) mit seiner Fallschwertmaschine, 1910

Der Scharfrichter-Onkel war wohlhabend und erlangte sogar eine gewisse Berühmtheit: Am 21. Februar 1902 – im Jahr, als Johann Reichharts Vater starb – köpfte er als beamteter Scharfrichter morgens kurz nach 7 Uhr den berühmten, 27-jährigen Räuber Matthias Kneißl. Der schwer zu fassende Kriminelle war fast ein Jahr zuvor, im März 1901, von 60 Polizisten in die Enge getrieben worden und hatte sich in einem Gehöft in Geisenhofen bei Aufkirchen verschanzt. Kneißl wurde mit einem Schuss in den Unterleib lebensgefährlich verletzt. Man pflegte ihn gesund, damit ihm, der längst ein Volksheld war, der Prozess gemacht werden konnte. Im November 1901 musste sich Matthias Kneißl im Augsburger Schwurgericht dem Prozess stellen.

Angeklagt wurde er wegen zweifachen Mords, versuchten Totschlags sowie räuberischer Erpressung und schweren Raubs. Er wurde zum Tod verurteilt. Als ihm an einem Montag mitgeteilt wurde, dass am folgenden Freitag seine Hinrichtung durch Enthauptung stattfinden sollte, entgegnete er – so will es die Legende – mit dem seither berühmt-berüchtigten Satz: »De Woch fangt scho guat o.«

Eine Schule fürs Leben

Johann Reichhart besuchte acht Jahre lang die Volks- und Feiertagsschule in Wörth an der Donau. Die Institution der Volksschule des Königreichs Bayern machte ihrem Namen im 19. Jahrhundert alle zweifelhafte Ehre. Was man dort lernte, taugte dazu, aus einem Menschen einen echten, tapferen und vor allem kaum zu verführenden Untertanen zu machen. Der enorme Wert, der auf Disziplin, Ordnung und Pflichterfüllung gelegt wurde, prägte den ganzen Unterrichtsstil. Verstieß man dagegen, war unaufmerksam, gab falsche Antworten oder zeigte anderweitig schlechte Leistungen, wurde dieses Verhalten durch Schläge mit dem Rohrstock bestraft. Lehrer konnten ihrem Sadismus einen ungezügelten Lauf lassen. Blutergüsse und offene Wunden waren bei Volksschülern durch Schläge mit dem Rohrstock nicht gerade eine Seltenheit. Angst vor den Lehrern und sklavischer Respekt ihnen gegenüber waren die täglichen Begleiter der Schülerinnen und Schüler. Selbst in der Bank saß man stramm wie ein kleiner, übereifriger Soldat oder ein treues, gehorsames Dienstmädchen: Die Füße mussten geschlossen nebeneinanderstehen, die Hände lagen auf der Tischfläche. Der Blick sollte immer geradeaus zur Tafel gehen. Wenn man aufgerufen wurde, stand man auf.

Der für bayerische Volksschulen geltende Lehrplan sah für Johann Reichhart und seine Mitschüler eine klare moralische Ausrichtung innerhalb der jeweiligen Unterrichtseinheiten vor: Nach *Deutsche Sprache* gehörte *Religion* zum am meisten unterrichteten Fach. In der ersten Klasse waren es fünf Wochenstunden, ab der vierten sogar sechs. Zum Unterrichtsfach *Deutsche Sprache* gehörte nicht nur Rechtschreibung, sondern auch Schönschreiben. Allerdings ist ein ordentliches Missverhältnis auffällig: Während man in der fünften Klasse beispielsweise zwei Stunden in der Woche im Schönschreiben gedrillt wurde, stand der gleiche Zeitaufwand jeweils den Bereichen Rechtschreibung, Aufsatz und Lesen zur Verfügung. Die äußere Form und der Drill waren in der Volksschule offenbar wichtiger als der Inhalt. Selbst Religion war kein Fach mit dem Ziel moralischer Reflexion im Sinne der Theologie – es war im Grunde nichts anderes als stumpfe Bibelkunde und das hieß: Volkserziehung und Stärkung des Glaubens und nicht des Meinens.

In der Tat ist es bemerkenswert, dass Johann Reichhart bis ins Alter eine ausgesprochen schöne, fast – denkt man beispielsweise an seine lesbare, geschwungene Unterschrift – kalligrafisch anmutende Handschrift besaß. Wenn die Handschrift der zu Papier gebrachte Ausdruck der Psyche ist, muss Johann Reichhart eine energische, durchsetzungsstarke Persönlichkeit gewesen sein. Auch sagte er ein Leben lang von sich, dass er ein frommer Mensch sei: Sein Tun hinterfragte er aus freien Stücken nie, eine Distanz zu seinem eigenen Wesen oder seiner Rolle hatte er bestenfalls in wenigen Momenten. Meistens war er sich seiner Sache sicher.

Nach dem Abschluss der Schule musste Johann ein Handwerk erlernen – und er brach mit einem Teil der Familientradition und wurde nicht Wasenmeister. Dem Fleisch und dem Tod blieb er trotzdem treu: »Ich habe eine Metzger- und Kochlehre durchgemacht und legte im Metzgerfach die Meisterprüfung ab. Längere Zeit habe ich als Koch in großen Hotels gearbeitet.« Welche Hotels das waren, ist nicht bekannt. Sicher ist, dass er tatsächlich seine oberpfälzische Heimat verließ und auf Wanderschaft ging, denn im Sommer 1914 war er in Hamburg.

Verschüttet

In seinem Lebenslauf, den er für seine Bewerbung als Scharfrichter im Frühjahr 1924 anfertigte, schrieb Johann Reichhart mit gestochen scharfer Handschrift, dass er sich als Kriegsfreiwilliger bereits im August 1914 zur »Infanteriemaschinengewehrkompanie 76« gemeldet hat. Diese Einheit gehörte zum *Infanterie-Regiment »Hamburg« Nr. 76*, das auch *2. Hanseatische* genannt wurde. Es war ein Traditionsregiment, das sofort mit Kriegsbeginn an die Westfront verlegt wurde. Es gehörte zur 1. Armee. Zuerst eroberte es die Festung von Lüttich in Belgien, im September war es in der Schlacht an der Marne bei Esternay eingesetzt. In dieser Schlacht, die für die Deutschen bereits am 12. September 1914 in einem absoluten Desaster endete, waren rund 750000 deutsche Soldaten eingesetzt. Vermutlich – exakte Zahlen gibt es nicht – wurden rund 250000 Landser verwundet, fielen oder gerieten in Gefangenschaft.

Der Chef des Großen Generalstabs, Helmuth von Moltke (1848–1916), Neffe des berühmten Generalfeldmarschalls Helmuth von Moltke (1800–1891), musste den Rückzug anordnen. Angeblich soll er dem Kaiser gemeldet haben: »Majestät, wir haben den Krieg verloren!« Er stand innerhalb einer Woche buchstäblich »nackt« da. Damit hatte er Erfahrung. Sechs Jahre zuvor war der eher korpulente Moltke tatsächlich als Ehrenpräsident des Berliner Vereins für Körperkultur noch strahlender Schirmherr eines Maskenballs für Nackte gewesen. Nun als Entblößter arbeitete er weiter an seiner eigenen Dekonstruktion als Feldherr und musste mitansehen, wie in den kommenden zwei Jahren Hunderttausende in den Grabenkämpfen der Westfront ihr Leben ließen.

Auch nach der Schlacht an der Marne fielen die Masken. Nichts war, wie es gewesen war. Vom vermeintlichen Jubel bei Kriegsausbruch war nichts mehr zu spüren. Die kläglichen Reste des aufgeriebenen Hamburger Regiments wurden am 21. September 1914 zu gerade einmal drei Kompanien vereint. Normalerweise bestand ein Infanterieregiment aus zwölf Kompanien. Eine Woche später füllte man Reichharts Regiment mit frischen, unverbrauchten Mannschaften jedoch wieder auf. Der Krieg konnte weitergehen.

Es ist nicht mehr festzustellen, ob Johann Reichhart erst zu diesem Zeitpunkt an die Front kam. Seine Personalakte ist bei einem Bombenangriff im Zweiten Weltkrieg verbrannt. Als Mitglied einer Infanteriemaschinengewehrkompanie war er meistens an vorderster Front. Für den Vormarsch hieß das, wie sich ein Soldat in German Werths Hörfunkfeature über die Schlacht von Verdun mehr als ein halbes Jahrhundert später erinnerte: »Wir durften uns nicht um Verletzte und Verwundete kümmern.« Auch eine solche Erfahrung sollte Johann Reichharts weiteres Leben nachhaltig prägen.

Reichharts Regiment war ab März 1915 der 221. Infanteriebrigade der 111. Division eingegliedert. Der oberpfälzische Metzger war nun im Schlachthaus des immer noch jungen 20. Jahrhunderts angekommen. Immer wieder kämpfte das Regiment mit starken Verlusten. Während des Krieges haben insgesamt 19899 Soldaten in diesem Regiment Dienst getan. Im August 1914 zogen mehr als 3000 Mann in den Krieg, nur 647 haben ihn überlebt.

Johann Reichhart war dabei, als im Minutentakt Dutzende gegnerischer Soldaten vor seinen Augen das Leben ließen. In einer Maschinengewehrkompanie im Grabenkrieg – manchmal standen diese Einheiten über Wochen knietief im morastigen Wasser – erlebte er den Krieg von seiner wohl intensivsten und tödlichsten Seite. War das Maschinengewehr zu Beginn des Krieges als reine Defensivwaffe noch verspottet worden, sollte es eigentlich schnell kampfentscheidend werden. Die gegnerischen Infanteristen waren seinem Kugelhagel schutzlos ausgeliefert. Im Grabenkrieg war das Maschinengewehr ein infernalischer Todbringer und – ähnlich der Artilleriegranate – das Symbol für den Soldatentod im Ersten Weltkrieg. Die MG-Nester wollte man ausrotten. Schwere Artillerie und Gas sollten für Ruhe sorgen. Bereits zu Kriegsbeginn im August 1914 wurde Tränengas eingesetzt, zunächst aber nur mit mäßigem Erfolg. Ab März 1915 wurde Chlorgas eingesetzt. Das gelblichgrüne Gas führte mindestens zu schweren Lungenschäden, in ungezählten Fällen zum qualvollen Tod. Wenn der Wind drehte, wurden so die eigenen Soldaten regelrecht vergast.

Andere Kriegsverletzungen waren ebenfalls verheerend. Rund 50 % aller Kopfverletzungen, 12 % aller Bein- und 23 % aller Armverwundungen blieben am Ende tödlich. Nur 1 % aller Soldaten mit einem Bauchschuss überlebten. Für Johann Reichhart war das Alltag – als Zeuge und Miturheber in einer Maschinengewehreinheit gleichermaßen.

Der einfache Soldat war reiner Befehlsempfänger und fast immer Gehorsamsapologet. Es gab dementsprechend nicht wenige höherrangige Soldaten, die verächtlich vom »Menschenmaterial« oder »Kanonenfutter« sprachen. Besonders herabwürdigend waren die Feldwebel zu den Mannschaften. »Aber dann passierte es«, wie sich ein Soldat mehr als ein halbes Jahrhundert später in German Werths Hörfunkfeature erinnerte, »dass ein Feldwebel beide Beine verlor [...] und nebenan schrie einer und dann hat dieser Bayer doch tatsächlich, der die Beine verloren hatte, gesagt: ›Halt's Maul, schau mich an!‹ Dann dauerte es ein paar Minuten, dann war er verblutet.«

Die Stilisierung des Soldatentods zum Heldentod fand vor allem auf Postkarten, Flugblättern und anderem Kitsch und Nippes statt. Der Engel, der einen Soldaten aus dem Krieg ins Paradies geleitet, war ein gängiges Sujet. Aber auch die Moderne des Maschinenkriegs fand in der Propaganda statt. Panzer, Flugzeuge, Artillerie und Heldentod verschmolzen zu einer bildhaften, propagandistischen Einheit. Wie absurd dieser Krieg zwischen vermeintlichen Helden, Engelbild und brutalem Soldatentod bisweilen sein konnte, schilderte ein Mannschaftsoldat wie Johann Reichhart ebenfalls in German Werths Hörfunkfeature: »[...] und der Kamerad neben mir, den sah ich noch stehen, der lachte, nahm sein Gewehr und schoss hinter dem fliehenden Gegner her und auf einmal hörte ich einen Klatsch, einen furchtbaren Klatsch, da muss der eine Gewehrkugel durch den Körper gekriegt haben, und ich sah nur noch, wie er sich um sich drehte und mit lachendem Gesicht brach er zusammen und fiel in den Schnee. Das war der einzige Heldentod, den ich direkt neben mir erlebt habe.«

Das alles hat auch Johann Reichhart ähnlich erlebt. Hinzu kamen neben den Verwundungen die Krankheiten, die sich Soldaten im Graben zuzogen. Durch das oft tagelange Waten und Warten auf den nächsten Angriff im Morast zogen sich viele Soldaten den sogenannten Grabenfuß zu.

Hatte sich erst einmal in ihm ein Wundbrand eingenistet, hatte man eine Überlebenschance von 50 %. Viele Soldaten litten unter Lungenkrankheiten – nicht nur hervorgerufen durch die unzähligen Gasangriffe. Cholera, Ruhr und Typhus waren die gängigen Seuchen. Das Kriegszittern war das psychische Resultat aus Granateinschlägen und ständiger, nicht endender Todesangst und Todesgefahr.

Aber was machen diese Erfahrungen und erschütternden Initiationserlebnisse mit den Soldaten? Schließlich entlässt jede Apokalypse ihre Überlebenden – aber als was? In den zehn Monaten in der Schlacht um Verdun beispielsweise – ausgerechnet jener Stadt, in der das Frankenreich Karls des Großen 843 gedrittelt wurde und damit die Geburtsstunde Frankreichs und Deutschlands im weitesten Sinn angenommen werden darf – fielen rund 317 000 Soldaten, fast 400 000 wurden verwundet. Es ist die »Urschlacht« des noch immer recht jungen 20. Jahrhunderts. Viele der Verwundeten wurden als Invaliden entlassen. Ihnen fehlte ein Arm oder ein Bein. Oder sie waren mit 20 Jahren blind oder ganze Gesichtshälften zerstört. Letztere nennt man auch »Kriegszermalmte«. Zermalmt – allein der Begriff erinnert stark an Johann Reichharts Herkunft aus einer Abdeckerdynastie. Auch bei anderen Worten des Ersten Weltkriegs, die für Synonyme des Erlebens und Durchhaltens einer Schlacht stehen – wie »Kadavergehorsam«, »Schlachthaus«, »Knochenmühle« oder »Blutzoll« – drängen sich verzweifelt entsprechende Analogien zu einer Abdeckerei oder zum Alltag eines Metzgers auf.

»Kriegszermalmte« wurden auch zu einem der großen Themen der Bilder von Otto Dix, der wie Johann Reichhart als Maschinengewehrschütze an der Westfront eingesetzt war, und von George Grosz. In Ernst Friedrichs sechs Jahre nach Kriegsende erstmals erschienenem Bildband *Krieg dem Kriege* wurde ihnen mit jedem einzelnen Foto ein bildnerisches Denkmal gesetzt. Er ist der Imperativ des Pazifismus, er sollte das Glaubensbekenntnis der nachfolgenden Generationen werden.

Es war ein Biotop der Destruktion aller Menschlichkeit. »Heute sind wir zehn Mann, morgen acht, zwei haben Granaten zerfleischt. Wir begraben unsere Toten nicht. Wir setzen sie in die kleinen Nischen, die in die Grabenwand geschachtet sind für uns zum Ausruhen. Wenn ich geduckt durch die Gräben schleiche, weiß ich nicht, ob ich an einem Toten oder an einem Lebenden vorrübergehe. Hier haben Leichen und Lebende die gleichen graugelben Gesichter«, schreibt der Schriftsteller Ernst Toller in seiner Autobiografie *Eine Jugend in Deutschland*.

Auch Johann Reichhart entkam seiner Biografie nicht: Nachdem viele französische Truppen von der Somme-Front nach Verdun abgezogen wurden, trugen nun die verbündeten Briten die Hauptlast an diesem Abschnitt der Westfront. Der neue britische Oberbefehlshaber Douglas Haig wollte endlich den Durchbruch schaffen, mit dieser Schlacht die Deutschen schlagen und den Krieg gewinnen. Am 1. Juli 1916 wurde der Hauptangriff mit einer gigantischen Explosion von 19 Minen, die britische Pioniereinheiten in Stollen unter den deutschen Stellungen an der Somme platziert hatten, gestartet. Angeblich soll der Knall noch in London zu hören gewesen sein. Menschen, Erde und Trümmerteile sollen bis zu 1200 Meter in die Luft geschleudert worden sein. In der Nähe des Dorfs La Boisselle wurde ein Krater mit einem Durchmesser von 91 Metern und einer Tiefe von 21 Metern gerissen. Er ist heute noch als der größte Krater Europas aus dem Ersten Weltkrieg zu besichtigen. Dieser Tag wurde der verheerendste in der britischen Kriegsgeschichte. An diesem einen Tag fanden auf einer Frontlänge von rund 40 Kilometern mehr als 19 200 Soldaten den Tod, 40 000 wurden verwundet oder blieben vermisst.

Den Anfang machte ein siebentägiges Trommelfeuer der britischen Armee, die 1437 Geschütze in Stellung gebracht hatte. In dieser einen Woche wurden rund 1,5 Millionen Geschützgranaten auf die deutschen Linien geschossen, zusätzlich Giftgas. In der gesamten Somme-Schlacht führten allein die Briten rund 110 Gasangriffe mit einem 50:50-Chlor-Phosgen-Gemisch durch. Das entsprach einer Gesamtmenge von 1160 Tonnen Gas. Auf deutscher Seite waren an der Entwicklung dieser Gaskampfstoffe unter Fritz Haber auch verschiedene spätere Nobelpreisträger wie beispielsweise Otto Hahn, James Franck, Max Planck und Gustav Ludwig Hertz beteiligt. Noch nach dem Krieg fasste Fritz Haber – er bekam übrigens ausgerechnet 1919 den Nobelpreis für Chemie, den er eigentlich 1918 bekommen sollte – zusammen: »Der Vorteil der Gasmunition kommt im Stellungskrieg zu besonderer Entfaltung, weil der Gaskampfstoff hinter jeden Erdwall und in jede Höhle dringt, wo der fliegende Eisensplitter keinen Zutritt findet.«

Es war ein Massensterben. Den beiden deutschen Armeen mit rund 50 Divisionen standen vermutlich 104 englische und französische Divisionen gegenüber. Die einzelnen Vorstöße der Kämpfe dauerten bis Mitte November 1916. Die Schlacht an der Somme war die blutigste Schlacht des Ersten Weltkriegs. Ihr Ergebnis war verheerend: Die Schlacht wurde ergebnislos abgebrochen.

Johann Reichhart war in diesem Inferno ab dem 19. Juli als Angehöriger der 1. Armee, in dem das *Infanterie-Regiment »Hamburg« Nr. 76* eingegliedert wurde, wohl an der Front. Der Führung der 1. Armee unterstanden rund 386 000 Soldaten. Es gab Phasen in dieser Schlacht, wo in einer Minute 1000 Soldaten ums Leben kamen. Insgesamt waren die Verluste der Deutschen mit ca. 465 000 Mann enorm – 125 000 Mann fielen gleich oder starben später an ihren Verletzungen. Bei den Briten und Franzosen waren es insgesamt sogar 625 000 Soldaten, die als Verluste in die Annalen der Kriegsgeschichte eingegangen sind.

1917 war für Reichhart und sein Regiment ein infernalisches Jahr. Die Seuchengefahr war allgegenwärtig. Man trat einen strategischen Rückzug an, denn durch eine Verkürzung der Front sparte man jetzt Soldaten und Ausrüstung ein.

Durch einen Granateinschlag wurde Johann Reichhart verschüttet und am 16. Juli 1917 kriegstraumatisiert aus der Armee entlassen. Fast auf den Tag genau 30 Jahre später kam in seinem fachärztlichen Bericht vom 27. Juli 1947 Dr. Andreas Kosinzew, Leiter der neurochirurgischen Abteilung im Krankenhaus der Internierungs- und Arbeitslager Bayerns, zu folgender Diagnose: »Im Jahre 1917 erlitt der Kranke (bei einem Granateinschlag) ein Trauma in der Kreuzgegend. An dem selben Tag wurde er durch einen Artillerie-Volltreffer verschüttet und blieb einige Tage bewusstlos (angeblich 8–10 Tage). Als der Kranke zu sich kam, hat er alles verstanden, was zu ihm gesprochen wurde – selbst aber konnte er nicht sprechen. Seit der Zeit, bis jetzt, tritt bei jeder Aufregung ein Stottern auf. Seit dem Kopftrauma leidet der Patient an Kopfschmerzen, die hauptsächlich in den Schläfen konzentriert sind und in den Nacken ausstrahlen. Die Kopfschmerzen sind von Wetteränderung, Anstrengung und Aufregung abhängig. Das Gedächtnis des Kranken hat im Laufe der Zeit sehr nachgelassen. Ab und zu treten die Zustände einer Verwirrung auf, so dass der Kranke z. B. eine, ihm sonst gut bekannte Stelle, nicht finden kann.« Weiter berichtet der Neurochirurg von einer Enthemmung der emotionellen Reaktion. Und kommt schließlich zu dem Schluss: »Die Persönlichkeit des Kranken trägt alle Züge einer Psychopathie mit ausgesprochener hysterischer Reaktion.«

Johann Reichhart kam als Pazifist und Psychopath aus dem Krieg. Die Kennzeichen des Psychopathen lassen sich auch bei Johann Reichhart erkennen: Oft war er charmant, ein Oberflächencharmeur par excellence und, wie sich zeigen wird, sehr manipulativ, dann wieder aggressiv und extrem verschlossen. 1917 – das war auch das Jahr, in dem der Zar abdankte und die Oktoberrevolution ihren Anfang nahm.

Ein anderer Psychopath hat diesen Ersten Weltkrieg auch erlebt, aber nicht ganz so wie Johann Reichhart. Er, der als Österreicher im *Königlich Bayerischen 16. Reserve-Infanterie-Regiment stand,* war nie in Kampfhandlungen verwickelt gewesen, schoss nie auf Menschen und erlebte die Front, an der Johann Reichhart stand, lediglich mit einem Abstand von bis zu 5 Kilometern im Hinterland. Er und Johann Reichhart wurden später auf untrennbare Weise miteinander verbunden, obgleich sie sich in diesem Krieg nicht wahrgenommen haben und erst recht nichts voneinander wussten. Nach dem Krieg sind sie sich ebenfalls nie begegnet. Der eine kannte den anderen nicht einmal mit Namen, wie zu vermuten ist. Johann Reichhart hingegen musste in ihm, der erst 1931 deutscher Staatsbürger wurde, seinen größten, wirkmächtigsten Auftraggeber erkennen. Sein Name: Adolf Hitler.

Revolution

Im Dezember 1918 wurde Johann Reichhart Mitglied des Spartakusbundes in München. Was er in der Zeit zwischen Juli 1917 und diesem Frühherbst oder beginnenden Winter 1918 gemacht hat, liegt im Dunkeln. Vermutlich war er, wie es sein Gesundheitszustand vermuten lässt, in verschiedenen Lazaretten und Kliniken – denn das war der Werdegang für Kriegstraumatisierte wie ihn.

Der Spartakusbund selbst wurde unter dem Namen *Internationale* als oppositionelle Gruppe innerhalb der SPD bereits am 5. März 1915 von Rosa Luxemburg (1871–1919) und Karl Liebknecht (1871–1919) gegründet. Grund dafür war, dass die ohnehin linken Sozialdemokraten immer mehr mit der offiziellen Parteilinie in massiven Konflikt gerieten. Die Zustimmung zu den Kriegskrediten und der sogenannte Burgfriede zwischen Staat und Unternehmen standen ihrer Meinung nach konträr zu einer sozialen und demokratischen Perspektive für die deutsche Gesellschaft. Denn allein an der Westfront, an der Johann Reichhart seinen Dienst bis zu seinem Verschütten leistete, wurden insgesamt eine Milliarde Granaten und 55 Milliarden Gewehrkugeln verschossen.

Im ersten Jahr war die *Internationale* ein eher loser Bund aus radikalen Sozialisten, die den Krieg ohnehin als einen Krieg auf dem Rücken der Arbeiterklasse ausgetragen sahen, und Pazifisten, für die Krieg sowieso kein Mittel zur Durchsetzung politischer Interessen war. Sie nahmen an nationalen und internationalen Kongressen teil. Ab dem 27. Januar 1916 – also rund einen Monat vor dem Beginn der großen Schlacht um Verdun und beinahe ein halbes Jahr vor der Schlacht an der Somme – erschienen die *Politischen Briefe*, sie wurden illegal herausgegeben und waren unterschrieben »Mit Parteigruß Spartakus« – nach dem Sklaven Spartacus, der als Gladiator um 70 v. Chr. in Rom einen Sklavenaufstand angeführt hatte.

Ab dem 5. Oktober 1918 wurde mit den sogenannten Oktoberreformen zumindest formell das parlamentarische System im Deutschen Reich eingeführt, nachdem bereits Abgeordnete der im Reichstag vertretenen Parteien in die Reichsleitung eingetreten waren. Ziel war es, unter Reichskanzler

Prinz Max von Baden (1867–1929), den Kriegsgegnern, aber auch den Revolutionären in Deutschland selbst nachdrücklich zu demonstrieren, dass sich das Deutsche Reich auf Demokratisierung und einen Friedensschluss vorbereitete. Prinz Max von Baden richtete sogar ein Waffenstillstandsangebot an den US-Präsidenten Woodrow Wilson.

Für die Spartakisten war das viel zu wenig. Sie reagierten darauf mit einem eigenen, radikal-sozialistischen Gesellschaftsentwurf, der bei einer illegal abgehaltenen Reichskonferenz am 7. Oktober 1918 in Berlin beschlossen wurde. Darin forderten sie beispielsweise das sofortige, bedingungslose Kriegsende, die Annullierung sämtlicher Kriegsanleihen ohne Entschädigung, eine umfassende Justizreform und Enteignung des gesamten Bankenkapitals und der so kriegswichtigen Schwerindustrie. Ebenfalls gravierend war der Forderungskatalog zur Umstrukturierung der gesamten deutschen Armee – und damit der Beginn ihrer Demokratisierung. Dazu zählte die Aufhebung des Disziplinarstrafrechts durch Unteroffiziere und Offiziere, im Gegenzug sollte dafür die Truppendisziplin durch Delegierte aus den Reihen der Soldaten garantiert werden. Damit verbunden waren auch die Aufhebung der Kriegsgerichte, die Entfernung von unliebsamen, schikanösen Vorgesetzten durch Mehrheitsbeschluss ihrer Untergebenen sowie die Abschaffung der Todes- und der Zuchthausstrafen für politische und militärische Straftaten.

Obwohl bereits erste Gruppen des Spartakusbundes im November 1918 in Ingolstadt und Burglengenfeld entstanden, sollten die sozialistischen Revolutionäre erst am 11. Dezember mit einer Versammlung in München in Erscheinung treten.

Bereits einen Monat zuvor, am 8. November 1918, hatte Kurt Eisner den Freistaat Bayern proklamiert, nachdem er König Ludwig III. für abgesetzt erklärt hatte. Damit endete die rund 1000-jährige Herrschaft der Wittelsbacher über Nacht. Ludwig III. war der erste deutsche Herrscher, der von den Revolutionären vertrieben worden war.

Vermutlich ohne einen einzigen Schuss abgeben zu müssen, hatten die Aufständischen alle Kasernen und öffentlichen Gebäude in München übernommen. Diese Absetzung und damit das Ende der bayerischen Monarchie kam in der Tat insofern überraschend, da noch am 2. November

1918 eine tiefgreifende, bereits seit September 1917 viel debattierte Verfassungsreform von allen Landtagsfraktionen verabschiedet worden war. Sie sah unter anderem ein Verhältniswahlrecht vor.

Ludwig III. hatte sogar schweren Herzens einer parlamentarischen Monarchie zugestimmt. Es nützte nichts. Lebensmittelknappheit und überteuerte Preise hatten bereits seit Oktober zu einer aufgeheizten, kriegsmüden und immer monarchiefeindlicheren Stimmung in der Landeshauptstadt geführt. Überall bildeten sich politische Gruppen. Der Ton in den Debatten wurde schärfer und schärfer. Unerbittlich waren die Forderungen: München war erschöpft.

Der bayerische König – Sohn des über alle Maßen beliebten Prinzregenten Luitpold – galt als Handlanger Kaiser Wilhelms und damit als ein Mann, der die Lage in keinster Weise mehr im Griff hatte. Erhard Auer, der Vorsitzende der bayerischen SPD, und der Vorsitzende der Unabhängigen Sozialdemokratischen Partei Deutschlands (USPD), Kurt Eisner, seines Zeichens Journalist, Theaterkritiker und erster Biograf Wilhelm Liebknechts, schrieben mit dem Sinn für echte Dramaturgie in diesen effektvollen Stunden Geschichte.

Eigentlich nur als Friedensdemonstration geplant, entwickelte sich eine Versammlung von rund 60 000 Menschen auf der Theresienwiese zu einer großen Bewegung des Umsturzes, so wie es Oskar Maria Graf 1927 in seinem Buch *Wir sind Gefangene* mit geradezu lustvoller Freude beschreiben würde: »Und mit einem Schlage gerieten die jubelnden Massen ins Vorwärtsdrängen. Wie eine kribbelige, schwarze Welle wälzten sich die tausend und abertausend Menschen hangaufwärts auf die Straße; weiter ging es im Schnellschritt, angeschlossenen Häusern und herabgezogenen Rollläden vorbei, den Kasernen zu. Wir marschierten, eingekeilt von einer dahinstürmenden Menge, fast ganz an der Spitze, kaum fünf Schritt weit entfernt von Eisner, den ich unablässig betrachtete. Er war blass und schaute toternst drein; nichts redete er. Fast sah es aus, als hätte ihn das Ereignis selbst überfallen.«

In den nächsten Stunden wurden viele Soldaten Revolutionäre und besetzten in der folgenden Nacht die öffentlichen Gebäude. Schnell konstituierten sich die Arbeiter- und Soldatenräte. Um 22 Uhr marschierten sie zum Landtagsgebäude in der Prannerstraße, wo Kurt Eisner zum Vorsitzenden des Arbeiter-, Bauern- und Soldatenrats gewählt wurde. Ohne dass Ludwig III. abgedankt hätte, proklamierte Kurt Eisner die Republik: »Die bayerische Revolution hat gesiegt, sie hat den alten Plunder der Wittelsbacher Könige hinweggefegt.«

Damit brachte der eher gemäßigte, an der Moralphilosophie Immanuel Kants orientierte Sozialist Kurt Eisner den traditionellen Sozialdemokraten Erhard Auer unter Zugzwang, denn Auer schwebte eher ein Bündnis mit bürgerlichen und liberalen Kräften vor. Doch dafür war es nun zu spät. Auer willigte einer Koalitionsregierung mit der lautstarken, aber tatsächlich viel unbedeutenderen USPD unter Eisner zu, der Ministerpräsident wurde, während Auer als Innenminister fungierte. Eisner träumte von einer geistigen Revolution, aber genau dieser Traum sollte sich für ihn in einen Albtraum verwandeln. Erhard Auer wollte dagegen lieber Pragmatismus walten lassen.

Am 8. November 1918 wurde an den Türmen der Frauenkirche bereits rot geflaggt. Doch gerade dieses aufmerksamkeitsstarke Fanal versetzte das Münchner Bürgertum in Angst und Schrecken, es fürchtete einen kommunistischen Umsturz. Die sich überschlagenden Nachrichten aus dem revolutionären Russland nach dem Sturz des Zaren ließen es Schlimmstes befürchten – zumal bereits ein Tag später in Berlin tatsächlich der Kaiser abdanken sollte. Prinz Max von Baden konnte ihn nicht zur Abdankung bewegen, also hatte er einfach eigenhändig die Abdankung des Kaisers verkündet. Der Kaiser selbst setzte seine Unterschrift erst am 28. November unter die entsprechende Urkunde. Prinz Max von Baden übergab sein Amt dem Sozialdemokraten Friedrich Ebert.

Eisner selbst verlor in München erst sein Ansehen, dann die Macht. Linke und rechte Zeitungen ließen kein gutes Haar an dem Mann mit dem damals schon aus der Zeit gekommenen Zwicker und dem wilden Bart. Seine kleine Partei hatte weder die Mitgliederstärke noch die finanzielle Kraft, eigene Akzente bei der kommenden Landtagswahl zu setzen. Mit der Landtagswahl vom 12. Januar 1919 war sein Schicksal besiegelt. Gerade einmal drei von 180 Mandaten gewannen die zur Splitterpartei mutierten Machthaber. Die SPD erhielt 61 Mandate, stärkste Kraft aber wurde die Bayerische Volkspartei (BVP) mit 66 Abgeordnetensitzen.

Eine Woche vor dieser Landtagswahl passierte etwas, von dem niemand Notiz nahm: Werkzeugschlosser Anton Drexler und Sportjournalist Karl Harrer gründeten zusammen mit 22 weiteren Anwesenden im *Fürstenfelder Hof* die Deutsche Arbeiterpartei (DAP). Sie war eine von vielen politischen Gruppierungen und Parteien. In der Masse ging sie unter. Doch Drexler fühlte sich zu Großem berufen und noch im gleichen Jahr erschien seine programmatische Kampfschrift *Mein politisches Erwachen*. Aber er war kein mitreißender Redner.

Bevor der Bayerische Landtag am 21. Februar 1919 zu seiner konstituierenden Sitzung zusammenkam, an der Kurt Eisner seine Abschiedsrede halten wollte, wurde der erste bayerische Ministerpräsident gegen 10 Uhr von hinten erschossen. Der Attentäter flüchtete zwar, wurde aber von Eisners bewaffneten Begleitern Felix Fechenbach und Benno Merkle angeschossen und konnte verhaftet werden. Täter des Mordanschlags war der junge Anton Graf von Arco auf Valley (1897–1945). Zwei Wochen zuvor war er gerade 22 Jahre alt geworden.

Ebenfalls kurz zuvor hatte man den Adeligen wegen seiner jüdischen Mutter, Emmy Freiin von Oppenheim (1869–1957), die aus der berühmten Bankiersfamilie stammte, aus der antisemitischen Thule-Gesellschaft, in der auch DAP-Gründer Karl Harrer Mitglied war und die eine der elitären Keimzellen des Nationalsozialismus gewesen ist, ausgeschlossen. Mit dem Attentat auf Eisner wollte von Arco-Valley nun seine nationalistische Gesinnung unter Beweis stellen.

Ein Jahr später wurde der Attentäter von Richter Georg Neithardt (1871–1941) zum Tode verurteilt, aber Franz Xaver Reichhart, der zuständige Henker, sollte den Verurteilten nicht zu Gesicht bekommen, geschweige denn ihn hinrichten. Neithardt hatte das Urteil schon so formuliert, dass es sofort am nächsten Tag in eine Haftstrafe umgewandelt wurde: »Von einer Aberkennung der bürgerlichen Ehrenrechte konnte natürlich keine Rede sein, weil die Handlungsweise des jungen politisch unmündigen Mannes nicht niedriger Gesinnung, sondern der glühenden Liebe zu seinem Volke und Vaterland entsprang […] und Ausfluß der in weiten Volkskreisen herrschenden Empörung über Eisner war«. Es wurde in mehreren Schritten derart abgemildert, dass Arco sich bereits nach wenigen Jahren als Praktikant eines Gutes im Umkreis seines Gefängnisses Landsberg am Lech – in dem ab 1924 auch Adolf Hitler nach seinem gescheiterten Putsch vom 9. November 1923 übrigens in der gleichen Zelle wie Arco einsaß – frei bewegen konnte. 1927 wurde er von Reichspräsident Paul von Hindenburg begnadigt. Richter Neithardt sollte später erneut von sich reden machen.

Der Mord an Kurt Eisner brachte die politische Stimmung in München sofort zum Überkochen. Alois Lindner, der wie Johann Reichhart Metzger war, verübte im Landtag mit mehreren Pistolenschüssen ein Attentat auf Erhard Auer. Ihn hatte Lindner für den Drahtzieher des Mordes an Kurt Eisner gehalten. Die Macht übernahm der sogenannte Zentralrat, eine Art Revolutionsregierung aus USPD, der frisch gegründeten Kommunistischen Partei Deutschlands (KPD) und Teilen des linken SPD-Flügels. Der Zentralrat rief zum Generalstreik auf und verhängte eine Ausgangssperre.

Am 26. Februar 1919 wurde Bayerns erster Ministerpräsident Kurt Eisner zu Grabe getragen. Hunderttausende säumten die Straßen. Johann Reichhart wird wohl dabei gewesen sein. Der ungeliebte Revolutionär, der es keinem recht machen konnte, erhielt ein Begräbnis wie ein König.

Gegen den Widerstand des Zentralrats wurde am 17. März der Sozialdemokrat Johannes Hoffmann zum Ministerpräsidenten gewählt. Die Revolutionäre witterten den Verrat an ihren Idealen und proklamierten am 7. April ihrerseits die Räterepublik. Diese Regierung aus Anarchisten wie Gustav Landauer, Ernst Toller und Ernst Niekisch hatte jedoch kaum Rückhalt unter der Münchner Bevölkerung, obwohl es ihnen immerhin gelang, dass das offizielle, legitime Kabinett von Johannes Hoffmann in das fränkische Bamberg flüchtete.

Ab dem 13. April herrschte in München Bürgerkrieg. Die sogenannte Republikanische Schutztruppe – eine Armeeeinheit, aufgestellt von der Bamberger Exilregierung – verhaftete einige der Rädelsführer, unter ihnen den Dichter Erich Mühsam. Doch der 22-jährige einstige Matrose Rudolf Egelhofer, jetzt Stadtkommandant von München und Anführer der Roten Armee, ließ zurückschlagen. Der Spartakist Johann Reichhart war –

laut eidesstattlicher Versicherung des Hamburgers Max Bay, ebenfalls ein Spartakuskämpfer, vom 15. März 1947 – in diesen Tagen und Wochen Küchenchef der Roten Armee am Schwabinger Stützpunkt, untergebracht in den Räumen des Maximiliansgymnasiums.

Die Lage war hoffnungslos. Der Belagerungsring wurde immer enger. Reichstruppen und Freikorps kämpften sich vor. Der ehemals russische Kommunist Eugen Leviné und die Spartakuskämpfer Max Levien – auch er war bis 1913 russischer Staatsbürger und sogar ein guter Bekannter Lenins – sowie der Russe Tobias Akselrod, seit Juli 1918 Leiter des sowjetischen Pressedienstes in Deutschland, wollten aus Bayern eine Art Sowjetrepublik machen. Dabei stand die Durchsetzung der »Diktatur des Proletariats« an oberster Stelle. Sie riefen im *Hofbräuhaus* die Betriebs- und Soldatenräte zusammen und sicherten sich die Macht als Vollzugsrat.

Aber dies alles sollte unter dem Ansturm von rund 35 000 Soldaten auf München zusammenbrechen. Sowohl die Mitglieder der USPD wie Ernst Toller und die der KPD wie Eugen Leviné mussten im Aktionsausschuss erkennen, dass sie gegenüber der Übermacht aus preußischen und württembergischen Truppen sowie den Freikorps nicht die geringste Chance hatten.

Mit von der Partie an der gewaltsamen Niederschlagung der Revolution war auch das Freikorps Epp unter Führung von Hitlers späterem bayerischen Reichsstatthalter Franz Ritter von Epp (1868–1947), zu dem auch der spätere SA-Führer Ernst Röhm gehörte, sowie das berüchtigte Freikorps Oberland. In diesem Wehrverband, der ab 1921 den Kern der SA in Bayern bilden sollte, tauchte auch zum ersten Mal als Kennzeichen auf Stahlhelmen das Hakenkreuzsymbol auf. Es war ein Zeichen der Thule-Gesellschaft. Fast allen Führern der Räterepublik wurde ein kurzer Prozess gemacht. Gustav Landauer wurde im Gefängnis Stadelheim erst angeschossen, dann zu Tode getreten, Leviné wurde zum Tod verurteilt und sofort erschossen.

Am 30. April hatte es im Luitpoldgymnasium an der Müllerstraße eine standrechtliche Erschießung von zehn Gefangenen durch die Rote Armee gegeben, darunter auch sieben Mitglieder der Thule-Gesellschaft. Das Standrecht wurde bis zu seiner Aufhebung am 1. August 1919 radikal durchgesetzt. Der Kriegszustand endete erst am 1. Dezember 1919. Während der Kämpfe und in den Wochen danach kamen rund 2200 Menschen durch Standgerichte zum Tod oder wurden zu sehr langen Haftstrafen verurteilt.

Am 24. Mai 1919 legte die Regierung unter Johannes Hoffmann dem Landtag einen Verfassungsentwurf vor, die sogenannte Bamberger Verfassung, die am 15. September in Kraft trat. Sie sah als höchste Strafe die Todesstrafe vor. Das hatte für Johann Reichhart nachhaltige Folgen, die sein weiteres Leben maßgeblich beeinflussen sollten. Aus dem Experiment der Münchner Räterepublik ging er als einfacher Rotarmist ungestraft hervor. Soweit ermittelbar, gab es nie eine strafrechtliche Verfolgung. Dass er einmal Kommunist gewesen war, existierte nur als Gerücht, das später immer wieder auftauchte und bei passender Gelegenheit lanciert wurde.

Ernst Toller, dem stellvertretenden Kommandanten der Roten Armee, wurde von Max Weber (1864–1920), Professor für Gesellschaftswissenschaft, Wirtschaftsgeschichte und Nationalökonomie, die »absolute Lauterkeit« eines radikalen »Gesinnungsethikers« bescheinigt – was ihn vor einem Todesurteil bewahrte.

Für Johann Reichhart müssen dieser politische Anarchismus und seine weitreichenden Folgen ein schwerer Schock gewesen sein. Seit Januar 1919 war das Deutsche Reich eine parlamentarische Demokratie. Doch diese Demokratie hatte einen folgenschweren Geburtsfehler: In fast allen führenden Positionen – in der Gerichtsbarkeit, meistens die gesetzgebende Kraft, vor allem aber in der Exekutive – saßen genau jene Antidemokraten, die sich oft rühmen durften, ihren Beitrag dazu geleistet zu haben, dass das sozialistische Experiment von München, das ohnehin unter einem ungünstigen Stern stand, ein so jähes Ende fand.

Am 24. Februar 1920 gab sich bei einer Versammlung im Münchner *Hofbräuhaus* die von Anton Drexler und Karl Harrer gegründete Deutsche Arbeiterpartei (DAP) einen neuen Namen, der in den Folgejahren für Furore sorgen sollte: Nationalsozialistische Deutsche Arbeiterpartei (NSDAP). Harrer übernahm den Vorsitz, legte ihn aber schon ein paar Monate später nieder, um ihn dem durchsetzungsstärkeren Anton Drexler zu überlassen. An diesem Abend wurde auch vor angeblich 2000 Zuhörern das sogenannte

25-Punkte-Programm verkündet: Es beschreibt den zukünftigen Aufbau eines nationalsozialistischen Deutschlands. Der Verkünder: Adolf Hitler. Zweifellos der beste Redner an diesem fragwürdigen Abend.

1921 kam schließlich Hitlers große Stunde, die aber zunächst mit einem Rückschlag begann. Drexler hatte hinter seinem Rücken mit den konkurrierenden Rechtsparteien verhandelt, um möglichst schnell eine Einheit mit ihnen zu bilden. Hitler war außer sich vor Wut und erklärte am 11. Juli 1921 kurzerhand seinen Austritt aus der NSDAP. Doch drei Tage später besann er sich. Für seinen Wiedereintritt forderte er dreist den Parteivorsitz mit diktatorischen Vollmachten. Wider Erwarten gab der Parteiausschuss Hitlers Forderungen nach. Jetzt musste es Anton Drexler dämmern, was da im Anmarsch war: Zwei Wochen nach dem Austritt Hitlers aus der NSDAP ging Drexler zur Münchner Polizei, um vor Hitler zu warnen. Doch dort nahm ihn keiner ernst.

Am 29. Juli wurde Hitler mit 553 von 554 Stimmen zum Vorsitzenden der NSDAP gewählt. Bis 1923 überließ man Drexler den Ehrenvorsitz der Partei. Später saß er für den Völkischen Block (VBI) – nach dem NSDAP-Verbot von 1923 ein Bündnis rechtsradikaler Parteien – bis 1928 im Bayerischen Landtag. Danach verschwand er in die politische Bedeutungslosigkeit. Was er mit der Gründung der DAP losgetreten hatte, erlebte er noch mit. Den Massenmord an Juden, Kommunisten und vielen anderen hat er vielleicht erahnen können. Er starb 1942 in München. Bereits 1926 war Karl Harrer verstorben. Anton Drexlers Grab auf dem Münchner Westfriedhof wird bis heute erhalten und gepflegt. Es liegt unweit des ebenfalls erhaltenen und gepflegten Grabes des ehemaligen SA-Chefs Ernst Röhm.

Und Johann Reichhart? Er heiratete 1921 eine Therese Rabe und wurde Vater. Ab dem 20. Mai 1922 war er in Neubiberg gemeldet, wo er die Bahnhofsgastwirtschaft betrieb.

Leben konnte er davon allerdings kaum. Jetzt, mit Beginn des neuen Jahrzehnts, war Johann Reichharts Leben einer besonderen, nahezu absurden Gemengelage ausgesetzt: Er war wohl nur temporär Pazifist gewesen, ein Mitläufer der Friedensaktivisten und als Koch ein Spartakist auf Abruf. Bereits mit Beginn der Weimarer Republik hatten sich die völkischen

Bahnhof Neubiberg, 1920er-Jahre

und antisemitischen Mächte in eine Ausgangsstellung gebracht, sodass sie Reichharts Leben für immer beeinflussen konnten, sobald sie nur an die Macht kommen würden.

Nun trat auch noch einmal Reichharts einstiger Oberbefehlshaber nachhaltiger denn je auf der weltgeschichtlichen Bühne auf. Unter dessen glückloser, vor allem aber rücksichtsloser und mörderischer Ägide hatte er gedient und wäre dabei fast ums Leben gekommen: Generalfeldmarschall Erich Ludendorff. Unter ihm hatte Reichhart als einfacher Soldat seinen Wehrdienst geleistet. Er war einer der Erfinder der sogenannten Dolchstoßlegende, mithilfe derer den aufständischen Matrosen in Kiel und Wilhelmshaven, aber eben auch genau jenen spartakistischen Kräften, zu denen Reichhart für kurze Zeit gehört hatte, die Schuld an der deutschen Kriegsniederlage zugewiesen wurde. Durch ihre Aktionen hätten sie die Front »verraten«, sie gewissermaßen von hinten »erdolcht« und damit Deutschlands Ende überhaupt erst möglich gemacht. Die Dolchstoßlegende gab allen marodierenden Nationalisten sowie den durch den Versailler Vertrag zusätzlich gedemütigten, gewaltbereiten und auf Rache sinnenden Verschwörungstheoretikern und anderen tiefreaktionären, antisemitischen Kräften das Bewusstsein, dass Schicksal umdrehen zu können und den »Schandvertrag von Versailles«, wie sie ihn nannten, nichtig zu machen.

Noch war Johann Reichhart ein im Grunde pathologisch verzweifelter Mann, der immer zu wenig Geld hatte und dabei eine Familie – bestehend aus Ehefrau und zwei Kindern – durchzubringen hatte. Gleichzeitig war er ein Psychopath, der nach einer Aufgabe suchte, um seine Familie ernähren zu können. Er sollte sie bekommen, als die Welt zwar eine Welt von gestern war, aber durchaus in Ordnung schien, weil man glaubte, eine Ordnung zu haben oder wieder eine alte neue Ordnung anstreben zu können.

Zweifellos hat sein Vorleben Johann Reichhart stark geprägt. Ohne seine familiäre Herkunft, ohne die grauenvollen Kriegserlebnisse und ohne die Erfahrungen der Revolutionszeit wäre Johann Reichhart womöglich niemals Henker geworden.

Die Traumatisierungen der Schützengrabenerfahrungen, der tausendfache Tod, zerschossene, durch Granateinschläge zerfetzte Leiber, der süßliche Gestank verfaulender Menschen und nicht zuletzt jener Einschlag einer Granate, der Johann Reichhart verschüttete und schließlich kriegsuntauglich machte, sie waren nichts anderes als eine Fortsetzung seiner familiären Herkunft mit anderen Mitteln. Die Weichen für sein weiteres Leben waren bereits gestellt.

Vollstreckt

Für Johann Reichhart leuchtete München nicht. Die frühen 1920er-Jahre waren für ihn nicht golden – für den Mann ohne nennenswerte Zukunft waren sie eher blechern. Er stand nicht nur am Rand einer in ihren Grundfesten erschütterten Gesellschaft, er wohnte auch an ihrer Peripherie. Als Pächter der Bahnhofsgaststätte von Neubiberg war er in einem unbedeutenden Nest in der Nähe einer Metropole angekommen, die auf viele, besonders aber auf Künstler, eine magnetische Anziehung ausübte. In König Ludwigs I. Isar-Athen lebten Schriftstellergrößen wie Thomas Mann – sein Haus im Herzogpark wurde bereits in einem Reiseführer erwähnt – sein Bruder Heinrich oder Lion Feuchtwanger, radikal-rustikale Autoren wie Oskar Maria Graf oder der kränkelnde Malerfürst Franz von Stuck, dessen opulente, symbolistische Bilder ihn zu einem reichen Mann machten. Sie gehörten ins Interieur großer Palais in der Arcisstraße und in die Villen des vornehmen Bürgertums und in die Salons im vornehmen Herzogpark oder in Bogenhausen.

München war aber auch die große Kleinstadt für Antisemitismus, Verschwörungstheorien, Okkultismus und Reformkost. Neben der Thule-Gesellschaft und ihren antisemitischen, nationalistischen Verschwörungstheorien gab es die Salons von Elsa Bruckmann und Helene Bechstein, in denen Hitler regelmäßig verkehrte und wo er gesellschaftsfähig gemacht wurde. Es gab Ernährungspäpste, heimatlose Offiziere und Freikorpskämpfer, die eine Heimat in rechtsradikalen Parteien und Vereinen gefunden hatten, und mit Albert von Schrenck-Notzing hatte sich hier in einem standesgemäßen Palais der erste Psychotherapeut Süddeutschlands niedergelassen, der sich vor allem mit Experimenten der Parapsychologie beschäftigte.

In München gab es einen fruchtbaren Untergrund aus Verschwörungstheorien, Radikalnationalismus und Okkultismus – in dieser Zeit träumte bereits Heinrich Himmler von einer germanischen Religion und Generalfeldmarschall Erich Ludendorff von einer Militärdiktatur – aus bissigen Umsturzwünschen und grandiosen Vorahnungen.

Davon ahnte Johann Reichhart zu diesem Zeitpunkt nichts, auch nicht, dass seine Zukunft noch kommen würde, wenn auch ganz anders, als er sich das wahrscheinlich erträumt hatte. Er war inzwischen Vater von zwei Kindern geworden: 1922 kam Sohn Heribert zur Welt, ein Jahr darauf Tochter Lotte. Die kleine Familie hatte wie so viele in den 1920er-Jahren mit der Inflation und ihren Folgen zu kämpfen. Die Preissteigerungen waren nicht einmal mehr astronomisch – sie waren infernalisch. Kostete im Juli 1920 eine Maß Bier auch in Reichharts Bahnhofsgaststätte 1,20 Mark, waren es drei Jahre später, im Juli 1923, bereits 9000 Mark. Einen Monat später hatte man bereits 20 000 Mark dafür zu bezahlen. Fast wöchentlich wurde der Preis verdoppelt, sodass eine Maß am 19. November 1923 spektakuläre 260 Milliarden Mark kostete – ein Prosit auf die Ungemütlichkeit!

Der Schwarzmarkt blühte. Oskar Maria Graf beschrieb es rückblickend in seinem meisterlichen Memoirenwerk *Gelächter von außen*: »Die solidesten Bürger entdeckten in ihren Wohnungen immer wieder etwas, was sich rasch zu Geld machen ließ, einen alten Zinnkrug, ein verstaubtes Kaffeeservice, einen Spazierstock mit einem Silbergriff oder schäbige Nippsachen. Das ganze Land wurde von hurtigen, wendigen, wölfischen Schiebern verkauft. Lautlos, aber so rapide, dass all die Kleinen und ewig Zukurzgekommenen kaum noch zu sich kamen, entwickelte sich die restlose Ausplünderung der ratlosen Massen von oben her.«

Doch mit der Rentenmark, die am 15. November 1923 mit einem Wechselkurs eins zu einer Billion eingeführt wurde, schien die erste große Krise der Weimarer Republik vorbei. Der Schriftsteller Lion Feuchtwanger schrieb über diese Zeit: »Es ist ein zähes, bäuerliches Haften, die ewige Wiederkehr des gleichen. Die Stadt will das letzte Jahrzehnt einfach nicht wahrhaben, sie hat es vergessen, sie gibt sich treuherzig, hält sich die Augen zu und will es nicht gewesen sein. Sie glaubt, das vergessen auch die anderen. Aber da irrt sie.«

In der Tat vergaß es niemand, vor allem nicht die von Oskar Maria Graf beschriebenen Zukurzgekommenen. Sie suchten sich neue Ideale, wenn sie nicht schon welche gefunden hatten. Es war kein Wunder, dass ausgerechnet München nicht nur symbolisch, sondern auch höchstreal als Sinnbild dafür stand, wie eklatant Krieg, Revolution und Gegenrevolution Deutschland verändert hatten. 1922 konnte die noch junge NSDAP bereits 50 000 Demonstranten auf dem Münchner Odeonsplatz versammeln, um gegen die Kriegsreparationen, die aus dem Versailler Vertrag resultierten, zu protestieren. Noch drei Jahre vorher schaffte es die Partei gerade einmal, mit wenigen 100 Mitgliedern aufzuwarten. Adolf Hitler und Erich Ludendorff wurden nicht müde, die Kriegsniederlage des Deutschen Reichs den sogenannten Novemberverbrechern in die Schuhe zu schieben.

Am 9. November 1923 ereignete sich schließlich auch das, was für Johann Reichhart, den Mann mit Ambitionen, ein erstes, erkennbares Aufflackern jener Macht und jenes Gefüges bedeuten sollte, die sein ohnehin schon sonderbares Leben noch mehr verformen sollten: der sogenannte Hitler-Putsch, der Marsch auf die Feldherrnhalle. Adolf Hitler wurde von Johann Reichhart allenfalls als Revoluzzer und Putschist wahrgenommen, nicht aber als der kommende Politiker, der die Weltkarte für die nächsten Jahrzehnte massiv verändern sollte. So dachten viele Zeitgenossen. Selbst ein ultrakonservativer, tiefreaktionärer Offizier und Freikorpssoldat wie Waldemar Pabst (1880–1970), der am 15. Januar 1919 den Befehl zur Exekution von Rosa Luxemburg und Karl Liebknecht gab, soll Adolf Hitler noch Anfang der 1930er-Jahre ins Gesicht gesagt haben: »So wie Sie aussehen und sprechen, lachen die Leute Sie aus.« So ließ sich der 82-jährige Pabst in »Der Spiegel«, Heft 16 / 1962, zitieren. Ob der großspurige Pabst hier die Wahrheit sagt, ist nicht nachzuprüfen. Dass viele Konservative so dachten wie er, ist indes unbestritten. Adolf Hitler war für viele eine Witzfigur, ein Großmaul und ein überspannter Radikalnationalist. Doch von Anfang an setzte sich diese Karikatur in Szene – medienwirksam und brutal, scheinbar märtyrerhaft und heroisch. Um das zu erreichen, überließ Hitler nichts dem Zufall. Sein Handeln basierte auf Dramaturgie und einer Choreografie, die dem Ballerino mit jedem Sprung nach vorn mehr Öffentlichkeit garantierte.

So hat auch der 9. November 1923 seine entsprechende Vorgeschichte. Am 30. Oktober forderte Hitler im Münchner Circus Krone zum Marsch auf Berlin auf. Ein Jahr zuvor hatte der italienische Faschistenführer Benito Mussolini seinen Marsch auf Rom initiiert. Nach der Machtübernahme baute er Italien in den kommenden Jahren zu einem faschistischen Staat um. Das war für Hitler Ansporn und Vorbild. Doch der bayerische Regierungschef Eugen Ritter von Knilling (1865–1927) erkannte die Gefahr und rief den Notstand aus.

Gustav von Kahr (1862–1934), eigentlich ein reaktionärer Monarchist, aber gleichzeitig auch ein versierter Pragmatiker der Tagespolitik, wurde daraufhin Generalstaatskommissar. Für Hitler und Ludendorff war sofort klar: Kahr musste genauso auf ihre Seite wechseln wie General Otto von Lossow (1868–1938), Kommandeur der Reichswehreinheiten in Bayern, und Oberst Hans von Seißer (1874–1973), wenn der geplante Putsch gelingen sollte. Alle drei lehnten zu Hitlers entsetztem Erstaunen ab.

Aber Hitler war ein Mann theatralischer Sendungen. Am 8. November hielt Gustav von Kahr im Münchner *Bürgerbräukeller* eine Versammlung ab, auf der er gegen die Übel des Marxismus wetterte. Zur perfekten Zeit – um 20.15 Uhr – stand Hitler am Eingang des Saals, flankiert von einem Stoßtrupp, der ein Maschinengewehr in Richtung Publikum positioniert hatte. Und dann begann er sein Abendprogramm: Hitler feuerte aus seiner Pistole und schrie, so ist zumindest überliefert: »Die nationale Revolution ist ausgebrochen«. In einem Nebenraum erklärte er von Kahr, von Lossow und von Seißer, dass er eine neue Regierung bilden wolle, an der sie in führenden Ämtern beteiligt werden sollten. Bei einer Weigerung, wies der ehemalige Gefreite Hitler den Generalstaatskommissar von Kahr, General von Lossow und Oberst von Seißer hin, würde er sie erschießen. Die drei Herren ließen sich davon jedoch nicht beeindrucken. Hitler war außer sich vor Wut. Im Saal verkündete er: »Draußen sind die Herren Kahr, Lossow, Seißer. Sie ringen schwer mit dem Entschluss. Kann ich ihnen sagen, dass Sie hinter ihnen stehen werden?« Die Menge tobte vor Begeisterung. Sie schloss sich Hitler und Ludendorff an.

Doch diese Revolution war im Dilettantismus perfektioniert – sie funktionierte nicht. Generalstaatskommissar von Kahr, General von Lossow und Oberst von Seißer organisierten sofort den Widerstand gegen Hitler und seine braunen Kameraden. Die staatliche Infrastruktur – Stadtkommandantur, Kasernen, Verwaltung und Polizeipräsidium – verweigerten Hitler die Gefolgschaft. Ludendorff befahl, jetzt, in den Morgenstunden des 9. November, loszumarschieren. Es waren rund 2000 Mann, die sich vom *Bürgerbräukeller* über Tal und Marienplatz in Richtung Feldherrnhalle mehr schoben als marschierten. Polizeisperren wurden mühelos beiseite geräumt. An der Feldherrnhalle hatte die bayerische Landpolizei eine Schützenkette aufgebaut, auf die nun die Putschisten losstürmten. Die Polizei schoss. 14 Putschisten und vier Polizisten ließen ihr Leben. Die NSDAP wurde sofort verboten, Hitler und Ludendorff wurden verhaftet.

Aber die Hoffnung dumpfer, rechtsradikaler Kreise blieb. In einer Karikatur hatte der Zeichner Karl Arnold (1883–1953) in der »Simplicissimus«-

Ausgabe vom 3. Dezember 1923 den für ihn typischen Münchner auf den Titel gebracht, bierselig, um nicht zu sagen, versoffen, Hakenkreuze anstelle der Pupillen. Die Bildunterschrift ist fürchterlich und gleichermaßen prophetisch: »Mei Ruah möcht' i hamm und a Revolution / a Ordnung muaß sei' und a Judenpogrom, / a Diktator g'hört hera und glei' davo' g'haut: / Mir zoagen's Enk scho', wie ma Deutschland aufbaut!«

Den anschließenden Prozess gegen die Putschisten führte wieder jener Richter Georg Neithardt, der schon Graf von Arco, den Mörder von Ministerpräsident Kurt Eisner, zum Helden für Radikalnationalisten gemacht hatte. Bei Hitler und Ludendorff war Neithardt sogar noch gnädiger. Hitler wurde lediglich zu fünf Jahren Haft verurteilt. Im Gefängnis sollte er sein Redetalent perfektionieren und Rudolf Heß und dem Uhrmacher Emil Maurice den ersten Teil seines Buchs *Mein Kampf* diktieren. Darin schlug er bereits die Töne der kommenden Zeit an. Schon kurz vor Heiligabend 1924, am 20. Dezember, wurden Hitler und seine Kumpane wegen guter Führung aus der nur einjährigen Haft entlassen.

Gustav von Kahr hingegen sollte seinen Widerstand gegen die Nationalsozialisten zehn Jahre später mit seinem Leben bezahlen: Der alte Mann wurde 1934 im Konzentrationslager Dachau erschossen, nachdem er vorher fast zu Tode geprügelt worden war. Erich Ludendorff wandte sich in den nächsten Jahren von Hitler ab. Seinen Antisemitismus und seine Verschwörungstheorien posaunten er und seine Frau Mathilde aber immer wieder in eine dafür allzu empfängliche Öffentlichkeit hinaus.

Hitlers Landsberger Mithäftlinge wurden in den Folgejahren begünstigt. Mit Ausnahme von Rudolf Heß, Ernst Röhm und dem späteren Reichsinnenminister Wilhelm Frick spielte aber keiner mehr von ihnen eine große, öffentlichkeitswirksame Rolle.

Pumuckl und Hakenkreuz

Hermann Kriebel, eine der treibenden Kräfte des Umsturzversuchs vom 8. November 1923, saß ein Jahr mit Hitler in Festungshaft. Er rahmt auf einem berühmten Gruppenfoto gemeinsam mit Hitler Generalfeldmarschall Erich Ludendorff ein. 1929 wurde er Militärberater von Chiang Kai-shek und nach Hitlers Machtübernahme Botschafter in Shanghai. Kriebel starb 1941 nach kurzer Krankheit. Sein Grab ist heute noch auf dem Friedhof von Niederaschau im Chiemgau zu bewundern – geziert von Stahlhelm und bis heute unübersehbar von einem Hakenkreuz. Genau gegenüber befindet sich die letzte Ruhestätte des Schauspielers Hans Clarin, der der berühmten Pumuckl-Figur von Ellis Kaut seine Stimme lieh. Pumuckl und Hakenkreuz – das Närrische und das Abgründige, das Hintergründige und das Hinterhältige – es ist ein seltsamer Traum, der die Gespenster der kommenden Zeit geboren hat. Mit ihnen sind wir bis heute nicht fertig.

Hakenkreuz auf dem Stahlhelm: Bis heute ziert es das Grab von Hermann Kriebel.

Sein erstes Mal

Für Johann Reichhart brachen Mitte der 1920er-Jahre neue Zeiten an. Wie so oft in seinem Leben war er chronisch pleite, besser gesagt: Er hatte noch nie Geld gehabt. Nun aber war es besonders schlimm. Offenbar hatte er in dieser Zeit zu seinem Onkel Franz Xaver besonders engen Kontakt. Der war inzwischen über 70, gerade ein zweites Mal Witwer geworden und baute körperlich immer mehr ab. Als beamteter Scharfrichter des Freistaats Bayern brachte er ab Mai 1894 – er hatte am 1. Mai dieses Jahres das Amt des Scharfrichters Joseph Kißlinger, der ebenfalls mit den Reichharts verwandt war, übernommen – mehr als 50 Exekutionen hinter sich. Die Delinquenten sind heutzutage weitestgehend unbekannt, zu ihrer Zeit aber waren sie über Monate und Jahre hinweg Gesprächsthema. Dazu zählte unter anderem der Söldner Anton Sprichtinger, der seinen Vater mit einer Axt erschlagen hatte. Er war der erste zum Tod Verurteilte, den Franz Xaver Reichhart hinrichtete.

Vier Jahre später köpfte er Jakob Wegele, der auf dem Weg zu einem Dorffest eine junge Frau vergewaltigte und anschließend umbrachte. Man kam ihm auf die Spur, weil er seiner Geliebten, die er auf dem Dorffest traf, ein Taschentuch schenkte, das mit Blut beschmiert war. Ein damals weiterer berühmter Fall war der Raubmord an einem 22-jährigen Vertreter, den der Sattlermeister Carl Bradl und sein Sohn Max begangen hatten. Der aber heute noch bekannteste Delinquent, der von Franz Xaver Reichhart enthauptet wurde, war der berühmte Räuber Matthias Kneißl.

Franz Xaver Reichhart war ein Scharfrichter mit geradezu mittelalterlichem Pathos gewesen. Genau wie seine Vorgänger mehrere Jahrhunderte zuvor ließ er für jeden Hingerichteten auf eigene Kosten eine Messe lesen. Den tiefgläubigen Mann hatte sein Handwerk zwar nicht reich gemacht, wie auch heute noch gern behauptet wird, jedoch verhältnismäßig wohlhabend. 1913 hatte er im oberpfälzischen Falkenstein sogar eine Kapelle bauen lassen, die es noch heute gibt.

Als man begann, einen Nachfolger für ihn zu suchen, gab es gleich mehrere Optionen: aus den Reihen des Münchner Strafvollzugs oder aber –

und das war Franz Xaver Reichharts Vorschlag – ein Familienmitglied aus seiner Sippe sollte das Amt von ihm übernehmen. Er fragte zuerst seinen Neffen Michael, der den elterlichen Hof im oberpfälzischen Wichenbach bewirtschaftete, doch der lehnte brüsk ab. Johann Reichhart hingegen gab dem inständigen Drängen seines Onkels schnell nach.

Mehr als 40 Jahre später gab Johann Reichhart im April 1965 bei der Staatsanwaltschaft München II zu Protokoll: »Am 1.4.1924 bin ich auf Betreiben meines Onkels Franz Xaver R. von dem damaligen bayerischen Ministerpräsidenten Held als Nachrichter verpflichtet worden. In dem damals abgeschlossenen Vertrag mit dem Staat Bayern wurde ich verpflichtet, die Vollstreckung von Todesurteilen in Bayern durchzuführen.«

Am 27. März 1924 wurde der Vertrag mit dem Bayerischen Justizministerium geschlossen. Der Nachrichter war die offizielle Bezeichnung für Henker oder Scharfrichter. »Vorstehender Vertrag ist von Seiten des Herrn Reichhart unter Einhaltung einer Kündigungsfrist von 6 Monaten kündbar. Das Staatsministerium der Justiz kann das Dienstverhältnis gemäß § 623 BGB, jederzeit kündigen.«

Dieser Vertrag war ein echter Knebelvertrag und Johann Reichhart wurde auch nicht »verpflichtet«, wie er rund vier Jahrzehnte später glauben machen wollte, sondern er bewarb sich offiziell um diese Stelle, wie aus einer Personalakte eindeutig hervorgeht. Am 23. April 1924 wurde Reichhart der Vertrag bekannt gegeben. Er schwor auf die Verfassung: »Ich schwöre Treue der Verfassung des Freistaates Bayern und der Reichsverfassung.«

Reichhart übte zunächst die Vollstreckungen an Kohlköpfen, dann – aber nur ein einziges Mal – an einer Leiche. Er assistierte seinem Onkel mehrmals. Per Eilbrief wurde Reichhart zur Hinrichtung eingeladen. Vorher teilte man ihm mit, »dass der Termin zur Probe der Hinrichtungsmaschine auf Samstag, den 19. Juli 1924 vorm. 9 Uhr im Strafvollstreckungsgefängnis München-Stadelheim stattfindet. Ich ersuche Sie, zur Probe pünktlich zu erscheinen und die Gehilfen aufzufordern, ebenfalls pünktlich zur Stelle zu sein.«

Dann erhielt er seinen ersten eigenen Vollstreckungsauftrag. Es war Andreas Hutterer, der im Auftrag von Rupert Fischer dessen Ehefrau Mathilde umgebracht hatte. Danach richtete Johann Reichhart auch

Rupert Fischer hin. Dem Journalisten Erich Helmensdorfer, der in den frühen 1960er-Jahren unter anderem für »Die Zeit« schrieb und später Quizmaster im Deutschen Fernsehen wurde, beschrieb er die Nacht vor der ersten Hinrichtung Jahrzehnte später so: »Sie war fürchterlich. Ich glaube, ich habe in dieser Nacht kein Auge zugetan, weil es mir sehr schwer ankam, einem Menschen, was immer er auch getan haben mochte, das Leben nehmen zu müssen. Schließlich gab die Tatsache, daß eine höhere Macht mir im Namen der Staatsautorität diesen Beruf in die Hände gelegt hat, einigc Beruhigung, und ich dachte, ich müsse die mir auferlegte Pflicht erfüllen. Die lange Nacht, die für mich sicher nicht weniger lang als für die Delinquenten gewesen sein mag, ging vorbei, der Tag brach an und ich mußte erstmalig dieses seltene Handwerk ausüben.«

Johann Reichharts Beschreibung war auch ein Bekenntnis. Er sprach von »Staatsautorität, auferlegter Pflicht« und dem »seltene[n] Handwerk«. In der Tat war es keine »Pflicht«, die ihm »auferlegt« wurde, sondern eine – todbringende – Tätigkeit, für die er 150 Reichsmark pro Kopf erhielt. Eine Tätigkeit, um die er sich ein paar Monate zuvor ordnungsgemäß beworben hatte. Wochen davor war er inständig von seinem Onkel Franz Xaver gebeten worden, sein Nachfolger zu werden. Er sah sich offenbar ganz in der Familientradition, wenn er tatsächlich vom »Handwerk« des Hinrichtens sprach.

Eine Art Handwerk

Die Hinrichtung selbst wies tatsächlich die Kriterien einer Art Handwerk auf. Die Vollstreckung war ein Ritual, fast feierlich und immer gleich, wie Johann Reichhart selbst in einem Protokoll vermerken ließ: »Bis 1937 fand die Hinrichtung in Stadelheim im Freien statt, ab diesem Zeitpunkt in einer kleinen Halle. Diese Halle war unterteilt mit einem großen Vorhang. Hinter diesem Vorhang stand die Fallschwertmaschine. Vor dem

Vorhang stand ein Tisch in der Größe eines kleinen Schreibtisches. An dem Tisch stand der Staatsanwalt in Robe, am Ende des Tisches saß der protokollführende Inspektor. Beim Protokollführer stand noch der Gefängnisdirektor. Der Direktor, er hieß Robert Koch, war dafür verantwortlich, daß der richtige Delinquent zur Hinrichtung geführt worden ist. Neben dem Staatsanwalt stand ich, meine drei Gehilfen standen vor dem Vorhang. Ferner waren in dem Raum noch der Gefängnisarzt und die beiden Gefängnisaufseher anwesend, die den Delinquenten hereingeführt hatten. Ferner stand noch ein Aufseher beim Vorhang, um diesen dann aufzuziehen. Bis zum Jahr 1940 war auch noch der Gefängnisgeistliche mit anwesend. Später konnte er dem Delinquenten nur mehr in der Zelle beistehen und mußte von da ab wegtreten. Weitere Personen waren nicht anwesend.«

Johann Reichhart sollte auch später immer Wert darauf legen, dass er im Sinne einer höhergestellten Ordnung gehandelt habe: »Ich habe grundsätzlich nur aufgrund eines schriftlichen Vertrages eine Hinrichtung vollzogen. Für jede der einzelnen Hinrichtungen erhielt ich einen besonderen schriftlichen Auftrag zur Vollstreckung. Dieser Auftrag wurde jedes Mal von einem Strafvollstreckungsstaatsanwalt ausgefertigt. Ich habe darauf bestanden, daß mir dieser schriftliche Auftrag in allen Fällen vor und nicht erst nach der Hinrichtung ausgehändigt worden ist.«

Die Hinrichtung selbst sollte ein geradezu würdiger, darüber hinaus ritualgeprägter Akt sein. Es dauerte nur wenige Minuten bis zur Vollstreckung. Jahrzehnte später sagte Reichhart: »Der Delinquent wurde dem Staatsanwalt auf der anderen Seite des Tisches gegenübergestellt. Der Staatsanwalt sagte dann dem Delinquenten: ›Sie sind Herr soundso, geboren am … und wurden am … zum Tode verurteilt. Die Revision und die Begnadigung sind abgelehnt worden.‹ Häufig ist dem Delinquenten auch noch gesagt worden, was ihm zum Vorwurf gemacht wurde. Daraufhin sagte der Staatsanwalt zu mir: ›Nachrichter, walten Sie Ihres Amtes.‹ Die Gefängnisaufseher, die den Delinquenten begleitet haben, sind hierauf weggegangen. Hierauf sind meine Gehilfen zu dem Delinquenten gegangen, haben ihn umgedreht, durch den dritten Aufseher wurde der Vorhang beiseitegeschoben. Der Delinquent wurde dann von meinen Gehilfen auf die Stehbank der Fallschwertmaschine gestellt, diese wurde dann umgekippt und hierauf wurde die Hinrichtung vollzogen. Nach Vollzug der Hinrichtung habe ich dem Staatsanwalt die Meldung gemacht: ›Das Urteil ist vollstreckt.‹ Dann stellte der Gefängnisarzt den Tod fest und hierauf begannen die Aufräumungsarbeiten.«

Diese Aufräumarbeiten wurden grundsätzlich von den Assistenten ausgeführt. Sägespäne sorgten dafür, dass das Blut möglichst schnell aufgesaugt wurde. Denn bei jeder Enthauptung schossen aus dem Körper schätzungsweise 1–2 Liter Blut. Aber damit nicht genug. Hinzu kamen stinkende Körperausdünstungen und austretende Körperflüssigkeiten. Es roch bisweilen wie in einer Abdeckerei oder im Graben an der Westfront des Ersten Weltkriegs.

Der Kopf, der bei der Hinrichtung in eine Auffangvorrichtung fiel, wurde meistens zum Rumpf in den Sarg gelegt. Oft wurden die Hingerichteten aber einer regelrechten Weiterverarbeitung zugeführt. An der später präparierten Leiche übten Medizinstudenten. Entnommene Organe wanderten als Anschauungsmaterial in medizinische Sammlungen, ebenso wie einzelne Knochen oder gleich das ganze Skelett. Bekanntestes Beispiel dürfte dafür der Kopf des berühmten Hannoveraner Serienmörders Fritz Haarmann (1879–1925) sein, der jahrelang als in Formalin eingelegtes Präparat in der Göttinger Gerichtsmedizin aufbewahrt wurde und sogar noch Anfang der 1960er-Jahre öffentlich ausgestellt wurde. Später bekamen ihn nur noch hin und wieder Medizinstudenten zu sehen. Erst im März 2014 wurde er schließlich ganz aus der Sammlung entfernt, eingeäschert und anonym bestattet. Allerdings befinden sich vier Hirnschnitte von Haarmann immer noch im Münchner Max-Planck-Institut.

Der Kopf des Düsseldorfer Serienmörders Peter Kürten (1883–1931) wurde ebenfalls nicht beerdigt. Wie im Fall Haarmann wollte man auch das Gehirn von Peter Kürten nach abnormen Veränderungen untersuchen. Doch Kürtens Kopf wurde nie beerdigt. Sein Kopf ist heute ein öffentliches Exponat im Museum »Ripley's Believe It or Not!« in Wisconsin Dells.

Johann Reichhart war in seinem Beruf angekommen, der keine Berufung war, aber eine lukrative Nebenbeschäftigung, von der er zu diesem Zeitpunkt aber allein nicht leben konnte. Sechs weitere Todesurteile vollstreckte er in diesem Jahr 1924 mit der Fallschwertmaschine. Damit verdiente Reichhart insgesamt 1050 Reichsmark.

Angekommen war auch Adolf Hitler. Er wohnte inzwischen im feinen Bogenhausen, Reichhart nach wie vor über seiner Bahnhofsgaststätte in Neubiberg. Der eine wollte Führer werden, der andere war seinem Selbstverständnis nach der geborene Diener. Der eine hatte rhetorisches Genie, der andere gleich zwei Berufe gelernt. Der eine war gern gesehener Gast in Teilen der Münchner Salongesellschaft, der andere hockte missmutig und ziellos hinter dem Tresen seiner Wirtschaft. Der eine kam nicht einmal zehn Jahre später in seinem Olymp an, der andere wurde durch ihn Schwerstarbeiter im Hades.

****

Kurze Geschichte der Todesstrafe und ihrer Vollstrecker

Die Geschichte der Todesstrafe in Deutschland ist voller Widersprüche. Sie ist auch die Geschichte ihrer Vollstrecker. Das macht ihre besondere Tragik aus. Denn mehr als 75 Jahre bevor Johann Reichhart sie erstmals ausführte und damit ein rechtskräftiges Todesurteil vollstreckte, stand sie bereits kurz vor der endgültigen Abschaffung.

Nach der Märzrevolution von 1848 hatten Länder wie Bremen, Oldenburg, Sachsen und kurzzeitig auch das Großherzogtum Baden die Todesstrafe sogar ganz als Höchststrafe gestrichen. 1870 verabschiedete der Norddeutsche Bund ein allgemeines Strafrecht. Im Vorfeld wurde im Reichstag heftig darüber debattiert. In einer zweiten Lesung stimmte eine Mehrheit von 118 zu 81 der generellen Abschaffung zu.

Otto von Bismarck (1815–1898) jedoch beschwor die Abgeordneten, die Todesstrafe beizubehalten, denn nur dann würden einige deutsche Länder dem Strafrechtsentwurf zustimmen. In dritter Lesung stimmten dann 127 zu 119 Abgeordnete der Beibehaltung der Todesstrafe zu. In der Gesellschaft war die Akzeptanz der Todesstrafe tief verwurzelt.

Mit Ausnahmen von wenigen Geistlichen legitimierten die katholische wie auch die evangelische Kirche das staatliche Recht auf Tötung damit, dass man ohne Gottes Autorität zu untergraben, nicht auf sie verzichten könne. Dabei berief man sich gern auf den 13. Römerbrief, Vers 4, in dem es heißt: »Tust du aber Böses, so fürchte dich; denn sie trägt das Schwert nicht umsonst: Sie ist Gottes Dienerin und vollzieht das Strafgericht an dem, der Böses tut.«

Die Todesstrafe wurde im Kaiserreich nur bei Mord, Anstiftung zum Mord oder bei Mordversuch gegen ein Mitglied der kaiserlichen Familie oder gegen ein Mitglied der bayerischen Königsfamilie vollstreckt. Keinesfalls war die Todesstrafe in dieser Zeit so üblich, wie man annehmen könnte. In Bayern wurde das Todesurteil nicht häufig umgesetzt. Von 1868 bis 1880 gab es unter Ludwig II. gerade einmal sieben Hinrichtungen. In Preußen von 1868 bis 1878 nicht eine einzige. Forderte die SPD mit ihrem *Erfurter Programm* noch 1891 die Abschaffung der Todesstrafe, so stieg die Zahl der Hinrichtungen ab 1892 tatsächlich unter Kaiser Wilhelm II. stark an. Deutschland wuchs wirtschaftlich enorm – in manchen Jahren war das Wirtschaftswachstum im dreistelligen Prozentbereich – der Flottenbau und eine weitergehende, straffe Industrialisierung standen an oberster Stelle. Deutschland wurde preußisch: Härte, Militär und Gesetzestreue waren wichtige Parameter in diesem Staat. Die Todesstrafe stand für Konsequenz und Durchsetzungskraft des Staates und diente vor allem der Abschreckung.

Die Henker im Deutschland des 19. Jahrhunderts waren Vollstrecker einer todbringenden Moralvorstellung: Sie rächten quasi Mord- und Attentatsopfer – und das besonders publikumswirksam. Die letzten öffentlichen Hinrichtungen fanden auf deutschem Gebiet am 14. Oktober 1864 in Greiz / Thüringen und auf dem Rabenstein bei Marburg statt. Hingerichtet wurde ein gewisser Ludwig Hilberg aus dem kurhessischen Ockershausen. Der Schumacher hatte im September 1861 seiner Geliebten Dorothea Wiegand die Kehle durchgeschnitten. Sie war von ihm schwanger und er hatte die obligatorische Heirat mit ihr abgelehnt. Nach drei Tagen wurde die Leiche, die darüber hinaus mit zahlreichen Messerstichen fast bis zur Unkenntlichkeit entstellt war, gefunden. Hilberg stritt die Tat zunächst ab und wurde trotzdem zum Tod verurteilt. Nach der Verurteilung räumte Hilberg die Tat ein.

Öffentliche Hinrichtungen waren als ein außerordentlich theatralisches Instrument der Abschreckung gedacht. Nicht selten gab es vor der eigentlichen Hinrichtung das sogenannte hochnotpeinliche Halsgericht, bei dem der bereits zum Tod Verurteilte noch einmal in Form eines Verhörs ein Geständnis ablegen musste.

Seit 1866 wurde in Deutschland meist mit der Guillotine hingerichtet, die hierzulande früher üblicherweise als Köpfmaschine oder Fallschwertmaschine bezeichnet wurde. Die Annahme, dass die Guillotine eine Erfindung der Französischen Revolution sei, ist falsch. Sie war lediglich eine Verbesserung der sogenannten Scottish Maiden, mit der in Schottland zwischen 1564 und 1708, also lange vor der Französischen Revolution, rund 150 Menschen enthauptet wurden. Seit 1877 waren in Deutschland Hinrichtungen nicht mehr öffentlich.

Öffentlich bekannt waren jedoch die Henker, denn von ihnen allen gibt es die entsprechenden biografischen Daten, meistens auch Fotografien. Sogar ihre Körpergröße war – wie im Fall von Christian Schwarz – bekannt. Der 1,95 Meter große, hünenhafte Schwarz war der letzte Hannoveraner Henker.

Erst 1822 wurde durch eine Spezialverordnung durch König Georg VI. die Folter abgeschafft. Das 1840 eingeführte Strafgesetzbuch sah immer noch mittelalterliche, rituelle Strafen vor. Dazu gehörten unter anderem das Schleifen zum Richtplatz, das Auspeitschen vor Publikum und das bisweilen tagelange Am-Pranger-Stehen. Allerdings wurde das Rädern abgeschafft, bei dem der Scharfrichter ein Wagenrad auf die Gliedmaßen des Delinquenten fallen ließ, um sie zu brechen. Er begann mit den Unterschenkeln und arbeitete sich dann zur Belustigung des Publikums weiter nach oben.

Christian Schwarz richtete, ebenso wie Lorenz Schellerer, ein angeheirateter Verwandter Johann Reichharts, mit dem Richtbeil oder Richtschwert hin. Von Schwarz gibt es sogar eine Fotografie, die einen strengen, eisig wirkenden Mann zeigt, mit starrem Blick, Backenbart und eleganter Kleidung. Man sollte nicht automatisch vermuten, dass diese Porträtaufnahme ein abschreckendes, typisches, menschenverachtendes Henkergesicht zeigt. Die Belichtungszeiten waren damals bis zu acht Minuten lang, sodass im Grunde alle Bilder aus dieser Zeit Menschen mit verkniffenen Gesichtern zeigen.

Seine wohl berühmteste Hinrichtung war die Enthauptung von Anna und Claus Meyer in einem Ort mit dem sinnigen Namen Himmelpforten. Kaiser Wilhelm IV. hatte zuvor die beiden Verurteilten begnadigt: Sie wurden nicht gerädert, sondern gleich enthauptet. Anna und Claus Meyer waren Stiefmutter und Stiefsohn, aber sie waren vor allem ein Liebespaar. Sie hatten im März 1833 Cord Meyer erdrosselt. Nun wurden sie von singenden Schulkindern und mit Glockengeläut auf einem mit Kuhhaut überspannten Schlitten geschleift. Tausende Zuschauer sollen dieser grauenhaften Schau jubelnd beigewohnt haben.

Christian Schwarz galt als treffsicherer Henker, der, wie ihm einmal attestiert wurde, eine Enthauptung »mit Geschicklichkeit und größter Ruhe, indem er mit einem Hiebe das Haupt vom Rumpfe trennte«, vollzogen hat.

Ebenso wie Schwarz war auch Friedrich Reindel (1824–1908) eine bekannte Persönlichkeit seiner Zeit. 196 Enthauptungen weist sein arbeitsreiches Berufsleben auf.

Wie Johann Reichhart stammte er aus einer bekannten Scharfrichtersippe, die seit Mitte des 19. Jahrhunderts in Preußen ansässig war. Bereits mit 19 Jahren assistierte er bei verschiedenen Hinrichtungen in Norddeutschland. So war er Gehilfe bei der Hinrichtung von Heinrich Ludwig Tschech (1789–1844), der eine echte, heute nahezu unbekannte Kohlhaas-Persönlichkeit war.

Als ehemaliger Bürgermeister der brandenburgischen Kleinstadt Storkow war er ein besonders durchsetzungswilliger Beamter für Verwaltungsreformen. Das brachte jedoch einen Konflikt mit dem Bürgertum und anderen Behörden mit sich. 1842 trat Tschech von seinem Amt erbost zurück.

Allerdings war dieser Entschluss sehr voreilig und in den nächsten Wochen und Monaten richtete er zahlreiche Gesuche um Wiedereinstellung in den Dienst Preußens. Diese Eingaben waren genauso erfolglos wie seine Bittbriefe und Appelle an die Mitglieder der preußischen Königsfamilie und den König Friedrich Wilhelm IV. selbst. Am 26. Juli 1844 feuerte er einen Schuss auf den König ab, der zusammen mit seiner Gattin Elisabeth Ludovika eben in der königlichen Kutsche Platz genommen hatte. Die Kugel traf jedoch nur den Mantel der »Landesmutter / durch den Rock ins Unterfutter«, wie man später auf Berlins Straßen sang. Dieser Bänkelsang wurde übrigens auch Liedgut der aufkommenden Arbeiterbewegung. Friedrich Engels zählte ihn zu einem »der besten Volkslieder seit dem 16. Jahrhundert«. Besonders die Schlussstrophe wurde ein echter Gassenhauer:

»Hatte je ein Mensch so'n Pech
wie der Bürgermeister Tschech,
dass er diesen dicken Mann
auf zwei Schritt' nicht treffen kann!«

Tschech selbst sah sich als Ehrenmann. In einer Erklärung schrieb er: »[…] da ich eine höhere menschliche Macht zur Erlangung meines Rechtes nicht in Anspruch nehmen konnte, so blieb mir nur noch das einzige Mittel, mein zutiefst verletztes Recht, meine mit Füßen getretene Ehre zu erreichen, vielleicht zu erhalten und wiederherzustellen. Denn nur auf diese Weise konnte meine Angelegenheit zur allgemeinen Weltsache werden.« Er war sich seiner Sache sicher. Einen Tag vor dem von ihm geplanten Anschlag ließ er noch eine Daguerreotypie von sich anfertigen, damit die Nachwelt, falls er hingerichtet würde, sehen könne, dass »seine Physiognomie nicht die eines gemeinen Schurken« war, wie er erklärte. Auf dem Bild sieht er mit seinem erhobenen Arm eher aus wie ein wild gestikulierender Prediger und so musste er sich auch wohl selbst empfunden haben. Der König gewährte ihm die Gnade, nicht gerädert zu werden. Stattdessen wurde er von Reindel einfach nur enthauptet. Ein Gnadengesuch an den König stellte er nicht, dafür aber die Dichterin Bettina von Arnim, der wohl bewusst war, dass die Selbstjustiz Tschechs sehr an den Pferdehändler Michael Kohlhaas aus der Erzählung von Heinrich von Kleist erinnerte. In der Nacht vor der angesetzten Hinrichtung wurden in Spandau – dort saß Tschech in der Zitadelle ein – gleich zwei Lokomotiven die ganze Nacht über unter Dampf gehalten, damit ein Gnadengesuch doch noch rechtzeitig Wilhelm IV. in Potsdam erreichen würde. Dieses Gnadengesuch hätte, davon ist auszugehen, der König bewilligt. Denn die Frage, ob Tschech wirklich schuldfähig sei, stellte sich durchaus. Ein psychiatrisches Gutachten wurde nicht eingeholt. Berichten zufolge soll der König nach langem Widerstreben seine Unterschrift unter das Todesurteil gesetzt haben und in Tränen ausgebrochen sein.

Friedrich Reindel war ein Vielreisender in Sachen Enthauptung und erlangte internationale Bekanntheit. Über eine Hinrichtung berichtete »Le Petit Parisien« mit Bild auf der Titelseite und über seine Goldene Hochzeit 1897 sogar die »New York Times«.

Auch Friedrich Reindels Sohn Wilhelm wurde Scharfrichter und soff sich wie manch andere Scharfrichter in den Wahnsinn. Reindels Bruder August war in Braunschweig Scharfrichter und – wie übrigens auch die Vorfahren von Johann Reichhart – Abdecker. Auch er wurde berühmt, und zwar nicht durch eine prominente Hinrichtung, sondern durch einen später prominenten Gehilfen, der bei ihm das Handwerk des Hinrichtens lernte: Julius Krautz (1843–1921) war die unangefochtene Berühmtheit der todbringenden Zunft im Deutschland des 19. Jahrhunderts. Von 1878 bis 1889 köpfte er insgesamt 53 Männer und eine Frau.

So am 16. August 1878 den Klempnergesellen Max Hödel, der erfolglos ein Pistolenattentat auf Kaiser Wilhelm I. verübt hatte, bei dem im Übrigen niemand verletzt wurde. In der Presse hieß es zu der Hinrichtung lüstern und in stark reißerischen Bildern: »›Kommen Sie‹, sprach der Scharfrichter zu Hödel. Dieser sprang förmlich die 3 Stufen zum Schafott hinauf und entkleidete sich oben seines Rocks und Weste. In diesem Augenblicke ertönte das Armensünderglöcklein in der Anstalt. Mit unbeschreiblicher Frechheit blickte Hödel nach diesem Glöcklein hinauf und lächelte höhnisch den Anwesenden zu, dann warf er die Hosenträger ab, konnte aber einen Knopf des Oberhemdes nicht lösen, worauf einer der Scharfrichtergehülfen ihm dasselbe von hinten her herunterzog, so daß der Oberkörper bis über die Brust entblößt war. Die Scharfrichtergehülfen schnallten darauf den Verbrecher an Armen und Füßen fest und legten den Kopf in den Einschnitt des Blockes mit dem Gesicht nach unten, indem sie den Hinterkopf mit einem handbreiten Gurt festschnallten, so daß der Hals frei lag und der Delinquent den Kopf nicht bewegen konnte. Jetzt öffnete der Scharfrichter ein sauberes Futteral, mit der Jahreszahl 1878 in Golddruck darauf, nahm das Richtbeil und trennte mit einem Schlage den Kopf vom Rumpf.«

Krautzs' Scharfrichtertätigkeit fand jedoch ein abruptes Ende: Im April 1889 – übrigens ironischerweise im Geburtsjahr und Geburtsmonat Adolf Hitlers, jenes Mannes also, der für die Hochkonjunktur von deutschen Henkern sorgen sollte – wurde Krautz selbst zum Mörder. Er erschlug bei einer außer Kontrolle geratenen Wirtshausschlägerei seinen Gehilfen Gummich. Krautz wurde vor Gericht gestellt. Man erkannte die Notwehrsituation und sprach ihn frei. Fortan verzichtete die preußische Justiz aber auf seine Vollstreckerdienste. Ein mordender Henker passte nicht in das ethische Bild von Tod und Strafe.

Krautz schlug aus seinem alten Beruf jedoch kräftig Profit. Er verkaufte – wie übrigens auch Wilhelm Reindel – seine Lebensgeschichte, die damals zum unangefochtenen Mythos wurde: Innerhalb der nächsten drei Jahre erschien in 130 Heften der insgesamt 3000-seitige Kolportageroman *Der Scharfrichter von Berlin, Roman nach Acten, Aufzeichnungen und Mittheilungen des Scharfrichters Julius Krautz*. Jedes Heft kostete 10 Pfennige. Wöchentlich hatte dieser tatsachenorientierte Schundroman 260 000 Abonnenten. Gleich das erste Kapitel übertraf jede Sensationslüsternheit: »Hinrichtung eines unschuldigen Mädchens, Sturz einer Artistin vom Trapez, Racheschwur, Kindsraub, Verbrecherjagd, Flucht der Hingerichteten, Vorbereitungen für Kindsmord, Flucht mit Kind, Eisenbahnunfall, Ehebruch.«

Das Leben der Scharfrichter war in der Tat romanhaft. Die meisten von ihnen waren Säufer, manche brachten sich später um. So wie im Mai 1925 der 75-jährige Lorenz Schwietz, der als Gehilfe bei Julius Krautz angefangen hatte. Er war von 1900 bis 1914 tätig. In dieser Zeit richtete er 120 Menschen hin.

Schwietz erschoss sich genauso wie sein Gehilfe und Nachfolger im Amt Paul Spaethe. Er war seit 1912 Scharfrichter und eigentlich Gastwirt in Breslau. Später richtete er in den frühen 1920er-Jahren vor allem Raubmörder hin. Dabei kam nicht nur die Fallschwertmaschine zum Einsatz, sondern, wie im Januar 1922, auch ein Beil. Zwei Jahre später starb Spaethes Ehefrau. Der Hinrichter Paul Spaethe hielt diesen persönlichen Verlust nicht aus. Es war wohl tatsächlich nicht seine Tätigkeit, sondern der Verlust seiner Ehefrau, die ihn zum finalen Mittel greifen ließ, sodass er sich schließlich mit einem Revolver erschoss. Dazu wurde vermerkt: »Seit dem Tode seiner Frau war der rüstige Mann völlig gebrochen.« So viel seelische Zerbrechlichkeit hatte dem Henker wohl niemand zugetraut. Sogar in der polnischen Zeitung »Dziennik Bialostocki« wurde über Spaethes Selbstmord berichtet: »Es ist charakteristisch, dass jemand, der so viele Menschen ins Jenseits schickte, aus Trauer über den Tod seiner Frau Selbstmord verübte.« In einer Beurteilung der Staatsanwaltschaft hieß es zuvor knapp: »Dem Scharfrichter Paul Spaethe aus Breslau wird hiermit bestätigt, daß er einwandfrei und gut gearbeitet hat.« Es war tatsächlich sein Stolz, wie er gern betonte, dass ihm im Gegensatz zu seinem Lehrmeister Lorenz Schwietz kein einziger Fehlschlag unterlaufen war.

Dass aber Scharfrichter durchaus auch in Ungnade fallen konnten, dafür ist Alwin Engelhardt (1875–1940) ein exemplarisches Beispiel. Er war der Schwiegersohn und Gehilfe von Wilhelm Reindel und erstmals 1900 tätig, bis er 1906 wegen finanzieller Unregelmäßigkeiten entlassen wurde. Zu seinen berühmtesten Delinquenten gehörte sicher die Hamburger Hebamme Elisabeth Wiese, die am 2. Februar 1905 in Hamburg durch die Guillotine enthauptet wurde. Als ledige Mutter schaute man auf sie herab. Das änderte sich erst 1888, als sie den Kesselflicker Heinrich Wiese heiratete und das Kind damit offiziell einen Vater erhielt. Elisabeth begann bald das Essen ihres Ehemannes zu vergiften, weil dieser ein notorischer Säufer war. Außerdem versuchte sie, ihn im Schlaf mit einer Rasierklinge zu töten. Geld war kaum vorhanden, da sie Abtreibungen vorgenommen hatte und als sogenannte Engelmacherin mit einem Berufsverbot belegt worden war. Schließlich wurde sie wegen einer Vielzahl kleinerer Delikte zu einer Gefängnisstrafe verurteilt.

Danach vermittelte sie Kinder von ledigen Müttern an scheinbar wohlhabende Familien. Mithilfe von Morphium und anderen Giften tötete sie jedoch die ihr anvertrauten Kinder und verbrannte sie anschließend in ihrem Herd oder versenkte sie in der Elbe. Paula Berkefeld, ihre Tochter, zwang sie zur Prostitution. Diese konnte jedoch nach London fliehen. Dort wurde sie schwanger und kehrte 1902 zu ihrer Mutter zurück. Das neugeborene Kind, Wieses Enkelkind Peter, ertränkte sie ebenfalls und verbrannte es. Die Polizei wurde erst auf Elisabeth Wiese aufmerksam, nachdem ein Dienstmädchen ihren kleinen Sohn wieder zu sich holen wollte. Bei einer Hausdurchsuchung wurden die entsprechenden Indizien gefunden. Am Rande sei nur bemerkt, dass sich während und nach dem Prozess viele Frauen bei der Polizei meldeten und ihre Dienste anboten, falls ein Henker nicht aufzutreiben sei.

Alwin Engelhardt wurde 1933 auf Wunsch des sächsischen Justizministers Otto Thierack »reaktiviert« und richtete bis 1936 in Preußen insgesamt mehr als 100 Menschen hin. Zu Engelhardts prominentesten Opfern in seiner zweiten Amtszeit als Henker gehörte Marinus van der Lubbe, dem vorgeworfen wurde, 1933 das Berliner Reichstagsgebäude angezündet zu haben.

Nachdem Engelhardt 1906 entlassen worden war, übernahm sein Amt Carl Gröpler (1868–1946), der zuvor der Gehilfe des Scharfrichters Lorenz Schwietz gewesen war. Der Sohn eines anhaltinischen Eisenbahnarbeiters betätigte sich zunächst als Musiker und Postarbeiter. Neben seiner Henkerstätigkeit war Gröpler Pferdemetzger und Inhaber der Dampfwäscherei *Aegir* in Magdeburg. Er nahm mindestens 144 Menschen das Leben, darunter Fritz Haarmann, dem bekanntesten Serienmörder seiner Zeit. Carl Gröpler war wie Johann Reichhart und andere Henker ein tiefreligiöser Mensch. Er soll gesagt haben: »[…] wer Blut vergießt, des Blut soll wieder vergossen werden – unsere Gesetze sind Gottes Gesetze – in diesem Wissen erfülle ich mein Amt.«

In den 1920er-Jahren setzte sich immer mehr durch, dass die Henker namentlich unbekannt blieben. Das hatte verschiedene Gründe. Zum einen wollte man kein Aufsehen um diese Person machen und natürlich auch sichergehen, dass ihre sonderbare Nebenbeschäftigung keine Diskussionen um die Todesstrafe und ihre Vollstrecker verursachte.

Seit 1918 gab es eine mehr oder minder heimliche Angst vor weiteren Umsturzversuchen von links. Dieses Unbehagen grassierte besonders in der Angestellten- und Beamtenschicht. Andererseits wollte man auch in Ruhe die Tätigkeit der Scharfrichter vergewissert sehen. In jeder größeren Stadt gab es eine Vielzahl von Boulevardzeitungen, die nur darauf warteten, eine blutrünstige Geschichte präsentieren zu können.

Immer wieder flackerte darüber hinaus die Frage auf, wie sinnvoll die Todesstrafe wäre. Es war kein Wunder, dass 1927 – also nicht einmal sechs Jahre bevor Adolf Hitler am 30. Januar 1933 zum Reichskanzler ernannt wurde – der Reichstagsausschuss sich mit der Abschaffung der Todesstrafe beschäftigte. Mit 17 gegen 11 Stimmen wurde der Antrag der SPD-Reichstagsfraktion abgelehnt. Es wurde vielmehr begnadigt als vollstreckt. Das bekam auch Johann Reichhart zu spüren.

****

Das Glück des Anderen

Johann Reichharts Hoffnungen hatten sich nicht erfüllt. 1925 richtete er neun zum Tod verurteilte Männer hin, 1926 waren es nur drei. Die Weimarer Demokratie kannte durchaus Gnade. 1927 – das Jahr, in dem mit Charles Lindbergh der erste Mensch nonstop über den Atlantischen Ozean flog – wurden ebenfalls nur drei Delinquenten geköpft. Einer davon war Otto Klein. Die Staatsanwaltschaft für den Landgerichtsbezirk Augsburg schrieb ihm am 30. Juni 1927 mit ausgesuchter Höflichkeit: »Ich beehre mich mitzuteilen, dass ich den Zeitpunkt der Vollstreckung der Todesstrafe an Otto Klein auf Samstag, den 2. Juli 1927 Vormittags 6 Uhr im Untersuchungsgefängnis an der Kamelitergasse hier bestimmt habe.«

Immerhin verdiente Reichhart an Otto Kleins Hinrichtung 50 Reichsmark mehr als bei den Delinquenten zuvor, denn am 9. Februar 1926 war ein neuer Vertrag geschlossen worden: Er erhielt jetzt pro Hinrichtung das Doppelte, nämlich 300 Reichsmark. Doch die ohnehin schon wenigen Hinrichtungen waren immer weiter rückläufig. Selbst Sonderzahlungen vom Justizministerium reichten nicht aus, damit Reichhart seine Familie über Wasser halten konnte. Sein sozialer Abstieg schien unabwendbar.

Ein anderer plante dagegen gerade seinen unaufhaltsamen Aufstieg: Adolf Hitler. Fünf Tage nach Reichharts Vertragsunterzeichnung geschah etwas, dessen weltpolitische Dimension damals niemand erfassen konnte: Auf der sogenannten Bamberger Führertagung trafen sich am 14. Februar 1926 die Parteioberen der im Jahr zuvor wiedergegründeten NSDAP. Ziel dieses Treffens war eigentlich die Klärung der Frage, wie man sich in der öffentlichen Debatte um die sogenannte Fürstenabfindung, also die Abfindung für enteignetes Vermögen der deutschen Fürstenhäuser, verhalten solle. Rund drei Wochen zuvor, am 24. Januar, hatten sich verschiedene Parteifunktionäre bei einer Versammlung in Hannover eindeutig gegen diese Abfindung ausgesprochen.

Bereits seit 1923 gab es in Bayern eine Vereinbarung mit dem Haus Wittelsbach, nach dem das Fürstenhaus für den Verlust von Ländereien und Schlössern entschädigt worden war. Der Freistaat Bayern hatte sich aber gleichzeitig verpflichtet, für diese nunmehr in Staatseigentum befindlichen Güter aufzukommen und sie zu erhalten. Für Hitler selbst war diese Entschädigungsfrage im Grunde nicht so wesentlich wie gerade für den linken, nationalbolschewistischen Flügel unter Gregor Strasser und Joseph Goebbels. Die NSDAP war eine immer noch junge Partei, die innerhalb ihrer Flügel zwischen Reaktion und Revolution hin- und herpendelte.

Hitler als Taktiker war hier gleich mit zwei Problemen konfrontiert. Obwohl keineswegs ein Anhänger der Fürstenentschädigung, wusste er aber nur zu gut, dass gerade der alte Adel – neben Beamten und Kleinbürgern – die Weimarer Republik ablehnte und daher von ihnen nur wenig Gegnerschaft gegenüber der NSDAP zu erwarten war. Gleichzeitig wollte er aber eine Spaltung der NSDAP verhindern.

Insgeheim hoffte Hitler beim Adel auf Zuspruch. Diese Hoffnung trog keineswegs: Bereits 1920 hatte die Deutsche Adelsgenossenschaft als größter deutscher Adelsverband einen sogenannten Arierparagrafen in ihren Statutenkomplex eingeführt. Dieser Paragraf sah vor, nur noch Mitglieder in den Reihen zu akzeptieren, die, wie es hieß, »rein deutschen Blutes« seien.

Ein paar Jahre nach der Bamberger Führertagung war Hitlers Rechnung dann aufgegangen: Von den einst 10 000 adeligen Offizieren der kaiserlichen Armee kamen gerade einmal 900 in der neuen Reichswehr unter. Viele Adelige – oft nur auf eine militärische Karriere vorbereitet – waren regelrecht arbeitslos. Sie alle eigneten sich – zumindest theoretisch – auch als Führungspersonal für neu geschaffene Organisationen und ihre Dienstgrade. Jahre später war fast jeder fünfte SS-Obergruppenführer – also der zweithöchste Generalsrang der SS – ein Adeliger.

Noch vor 1933 wurden 70 Prinzessinnen, Prinzen und Fürsten Mitglieder der NSDAP. Jeder vierte Adelige trat vor 1933 der NSDAP bei. Allen voran August Wilhelm Prinz von Preußen (1887–1949), von allen nur Auwi genannt, vierter Sohn von Kaiser Wilhelm II., der am 1. April 1930 in die NSDAP eingetreten und als Propagandaredner aktiv war. Neben Hitler war er der gefragteste Mann der NSDAP vor 1933. Er wurde sogar Spitzenkandidat der NSDAP bei der Wahl zum preußischen Landtag 1932. Goebbels empfand ihn als »gutmütigen, aber etwas doofen Jungen«, wie er in seinem Tagebuch vermerkte. Linke Zeitungen spotteten über ihn als »Braunhemdchen Auwi«. Dabei hoffte er insgeheim, von Hitler doch noch auf den deutschen Kaiserthron gehoben zu werden. Natürlich kam es nicht dazu.

Aber ohne den Adel hätte es sicher auch keinen 30. Januar 1933 gegeben. Auwi stand nicht nur auf den Führer, er liebte in erster Linie seinen Jugendfreund Hans Georg von Mackensen, der später im »Dritten Reich« Botschafter in Rom und SS-General wurde. Es waren wohl die Adelstitel, die beide vor den Exekutionen des Röhm-Putsches bewahrten. Die zwei Liebenden starben kurz nach Ende des Zweiten Weltkriegs – eine bislang unerzählte Geschichte einer großen Liebe.

Hitler gelang es, dass der linke Flügel um Gregor Strasser seine Forderungen zurückzog. Goebbels sollte sich bereits nach wenigen Monaten auf Hitlers Seite schlagen und der linke Flügel der NSDAP nach und nach in der Bedeutungslosigkeit verschwinden. In seinem Tagebuch vermerkt Goebbels ein paar Monate nach den Bamberger Ereignissen über Hitler: »Ihm fühle ich mich bis zuletzt verbunden. Nun ist mir der letzte Zweifel geschwunden. Deutschland wird leben! Heil Hitler!« Für Goebbels brachen neue Zeiten an, aber auch für Hitler selbst. Er war zu diesem Zeitpunkt politisch stärker denn je.

Im Mai dieses Jahres wurde das *25-Punkte-Programm* von 1920, mit dem Hitler innerhalb der NSDAP zur unangefochtenen Führungsfigur aufgestiegen war, in einer Parteisatzung für unabänderbar erklärt. Hitler sollte sich nun endgültig durchsetzen. Ein Jahr zuvor hatte er den ersten Teil von *Mein Kampf* veröffentlicht, im Dezember 1926, also rund ein Dreivierteljahr nach der *Bamberger Führertagung*, erschien der zweite Band.

Dieses Buch, das Johann Reichhart wohl nie – wie die meisten Deutschen – gelesen hat, wurde für ihn trotzdem zukunftsweisend, denn Hitler leitete aus den Westfronterfahrungen die radikale Durchsetzung der Todesstrafe konsequent ab: »Wenn Männer dauernd mit dem Tode ringen und durch Wochen ruhelos in schlammgefüllten Trichtern, bei manches Mal schlechtester Verpflegung, auszuharren haben, kann der unsicher werdende Kantonist nicht durch Drohung mit Gefängnis oder selbst Zuchthaus bei der Stange gehalten werden, sondern allein durch rücksichtslose Anwendung der Todesstrafe. Denn er sieht erfahrungsgemäß in solcher Zeit das Gefängnis als einen immer noch tausendmal angenehmeren Ort an als das Schlachtfeld, sintemalen im Gefängnis doch wenigstens sein unschätzbares Leben nicht bedroht wird. Daß man im Kriege aber praktisch die Todesstrafe ausschaltete, die Kriegsartikel also in Wirklichkeit außer Kurs setzte, hat sich entsetzlich gerächt. Eine Armee von Deserteuren ergoß sich [...].« Das hieß aber auch, dass der »unsicher werdende Kantonist« – also die Bevölkerung selbst – nur »bei der Stange gehalten« werden konnte, wenn die Strafen für Fehlverhalten besonders drakonisch waren.

Auch Johann Reichhart hatte in dieser Zeit seinen Kampf, der meistens eher einem Krampf ähnelte, aus dem er sich winden musste. Seine Bahnhofsgaststätte hatte er längst aufgegeben, woran er nicht ganz unschuldig war: Hatte Reichhart mal ein Bier zu viel getrunken, wurde er redselig und erzählte, was er eigentlich von Berufs wegen war. Man nahm ihn als »Renommierhansl« wahr und der sonst so stille, verschlossene Mann wurde nach einer Maß richtiggehend maßlos.

Reichhart brauchte eine neue Erwerbsquelle und die erhielt er auch. Sein Kampf hieß *Mädchenglück und Frauenliebe.*

Mädchenglück und Frauenliebe

Nach dem Ersten Weltkrieg wurde die deutsche, bayerische und insbesondere die Münchner Gesellschaft in ihrer Basis massiv infrage gestellt, zutiefst erschüttert und tiefgreifend verändert. Das Frauenwahlrecht war eingeführt worden. Überhaupt hatte sich das ganze Frauenbild radikal gewandelt und die Emanzipation war in vollem Gang. Mussten viele Frauen bereits im Ersten Weltkrieg in Fabriken der kriegswichtigen Industrie arbeiten, so ging es danach kaum noch in das althergebrachte, gewohnte Rollenbild zurück. Einen Beruf zu erlernen wurde immer wichtiger für Frauen, sie füllten die neu gewonnene Selbstständigkeit und Unabhängigkeit aus und lebten das neu gefundene Selbstbewusstsein aus. Das zeigte sich bereits in einer kurzen, gerade einmal vierminütigen Rede am Mittwoch, dem 19. Februar 1919. Die SPD-Abgeordnete Marie Juchacz (1879–1956) hielt als erste Frau überhaupt eine Rede im deutschen Parlament und gab damit den Takt der neuen Zeit hörbar vor: »Ich möchte hier feststellen, und glaube damit im Einverständnis vieler zu sprechen, dass wir deutschen Frauen dieser Regierung nicht etwa in dem althergebrachten Sinne Dank schuldig sind. Was diese Regierung getan hat, das war eine Selbstverständlichkeit: Sie hat den Frauen gegeben, was ihnen bis dahin zu Unrecht vorenthalten worden ist.« Juchacz bezog sich auf das Wahlrecht, von dem sie meinte, es sei ein natürliches Recht, genauso wie die Pflicht, wählen zu gehen, um Veränderungen herbeizuführen.

Diese sichtbaren Veränderungen gab es auch schnell auf anderen Gebieten: Die Röcke wurden kürzer und die Zigaretten für Damen länger und eleganter.

Aber auch die hermetisch abgeriegelten Klassen und Kreise der Gesellschaft wurden durchlässiger. Für viele brach damit gleichzeitig die gängige Moral zusammen. Der amerikanische Schriftsteller Thomas Wolfe (1900–1938) bemerkte bei einem Oktoberfestbesuch in München 1927: »[...] plötzlich schlüpfte eine Hand um meinen Arm, und durch das Getöse und die Benebelung des Trubels hindurch merkte ich, dass jemand mit mir sprach. Ich blickte hinab und sah dort neben mir das fröhliche, gerötete und lächelnde Gesicht eines hübschen Mädchens.«

Für die neue Leichtigkeit, die sprichwörtlich in der Luft lag, gab es mit den Attraktionen des Kunstfliegers und »Clowns der Lüfte« Ernst Udet (1896–1941) eine greifbare, attraktionsgeladene Verbildlichung. Der beliebte, mit 60 Abschüssen außerordentlich erfolgreiche und bereits zum Filmstar avancierte Weltkriegsflieger flog mit seinem Flugzeug »Flamingo« bei den Flugschauen in München zur Sensation der Zuschauer nicht nur unter den Isarbrücken und zwischen Türmen der Frauenkirche hindurch.

Aus mehreren 100 Metern Höhe stürzte er zum Entsetzen der Besucher einer Flugschau mit abgestelltem Motor auf die Theresienwiese hinunter, zog im letzten Augenblick die Maschine hoch, um dann geradezu sanft zu landen. Er, der sich selbst das »fröhliche Kind« nannte, riss mit einem Haken, der an einer der beiden Tragflächen angebracht war, ein Taschentuch von einem Pfahl. Die Filmaufnahmen sind noch heute beeindruckend. Oder der Säufer und Frauenliebling flog mit seiner Maschine auf dem Kopf.

Doch wo alles im Höhenrausch oder gleich ins Wanken geraten ist, eben alles wie bei Ernst Udets Flugakrobatik gleichsam kopfstand, wo Freiheit sich genommen wurde, weil man sie als Angebot zur Emanzipation auffasste, musste die letztverbliebene Bastion der nicht mehr in der Zeit liegenden Moralvorstellungen unmissverständlich gefestigt und verteidigt werden. Das Land war trotz der vielen Umwälzungen immer noch ganz im moralischen Einfluss der Kirche, in einer Stadt wie München sah es da schon anders aus. Zählte München Ende des Ersten Weltkriegs rund 600 000 Einwohner, waren es Ende der 1920er-Jahre bereits mehr als 700 000. Hier blühte ein Leben, das aus Sicht der Landbevölkerung amoralisch war, ein Hort von Umsturz, Revolution und Verwahrlosung. Klare Moral und vor allem eine klare Vorstellung von Glauben und Kirche mussten unmissverständlich weiter als Basis für ein gesittetes Leben gelten. Dem hatte sich der katholische Priester Alphons Maria Rathgeber (1888–1964) verschrieben. Rathgeber machte seinem Namen alle Ehre. Er war ein akribischer Autor und ein Verfechter der alten, fast romantischen Werte, ein eitler, selbstgefälliger Volksphilosoph, der seiner Leserschaft genaue Anweisungen zu geben vermochte, wie man sich in welcher Situation zu verhalten hatte.

Rathgebers besonderes Augenmerk galt den Frauen. Ihnen widmete er sich intensiv in seinem Buch *Von Mädchenglück und Frauenliebe.* Es war aber nicht einfach ein Buch oder Pamphlet, wie immer wieder nachzulesen ist, sondern es wurde als opulentes Hausbuch konzipiert, 1926 herausgebracht von der Verlagsbuchhandlung H. A. Berg aus Gauting bei München.

Von
Mädchenglück und
Frauenliebe

Ein Buch
für die deutsche Familie
von

Alphons Maria Rathgeber

Verlagsbuchhandlung H. A. Berg, Gauting bei München
1926

Titelblatt *Von Mädchenglück und Frauenliebe* von Alphons Maria Rathgeber, 1926

Vertrieben wurde es von christlich gesinnten Verlagsvertretern, die mit ihren Fahrrädern durch Ober- und Niederbayern fuhren und vor allem in kirchlichen Bibliotheken oder Pfarreien ihre Abnehmer fanden. Einer von ihnen war Johann Reichhart. Er war Handelsvertreter geworden, gewissermaßen für die alte Moral, denn reden konnte der ehemalige Pächter einer Bahnhofsgaststätte durchaus. Er selbst tanzte gern und wäre vielleicht sogar Tanzlehrer geworden, wenn sich die Möglichkeit aufgetan hätte. Man sagte ihm nach, dass er verschlossene Mieder nicht mied. Hatte er mit der Vollstreckung der Todesstrafe nicht sein Auskommen, so musste sich Reichhart nun mit Inbrunst der Liebe, dem Glück und der Zuversicht zuwenden.

Das Buch, das Reichhart vertrieb, hatte es in sich. Es war ein Rathgeber, wenn man so will gegen den Zeitgeist und die Moderne geschrieben. Gesetzt in einer außerordentlich lesefreundlichen, großen Frakturschrift, ließ die Widmung Rathgebers keinen Zweifel an seinem Ansinnen zu: »Dieses Buch schenke ich meiner guten Mutter.« Implizit war dies wohl die Aufforderung an seine Leserinnen: Werdet so wie sie! Aufgebaut war das mehr als 400-seitige Buch analog zum Leben eines Mädchens, das zur Frau wird. Der Autor bleibt stets ein moralinsaurer Beobachter.

Die Mutter, so Rathgeber, »schaut in die Zukunft und sieht in dem strampelnden Bündelchen, das neben ihr in den knisternden Kissen liegt, eine künftige Stütze und Hilfe, eine ersehnte Freundin und Vertraute, und vielleicht ein wenig auch eine willkommene Klatschbase«. Aber gleich nach der Geburt taucht schon das erste praktische Problem auf: »Wie soll das Kind heißen?« Auch für Alphons Maria Rathgeber eine schwierige Frage, denn: »Wenn schon die Namenswahl für ein Schoßhündchen oder Mimikätzchen, für einen Kahn oder ein Landhaus oder meinetwegen auch für ein Buch soviel schmerzendes Kopfzerbrechen macht, ist es da verwunderlich, wenn Vater und Mutter in tausend Nöten sind, sobald es sich darum handelt, dem Kindlein ihrer Liebe einen Namen mit auf den Weg zu geben?«

Doch so sehr sich Rathgeber auch als Pädagoge abmühte, seine Leserschaft dürfte es schwer gehabt haben, dem Autor wirklich folgen zu können. Taufe, Kommunion und Firmung waren in den katholischen Teilen Bayerns Pflichtprogramm. Aber sobald sich Rathgeber mit der Moderne anlegt, wird es ungewollt satirisch. Der Gottesmann war ein Mann der frommen Wünsche – und oft genug der Verwünschungen, wenn er an die Gegenwart dachte.

Darf eine Frau arbeiten? Für den Kirchenmann liegt es auf der Hand: »Weit mehr als Bürodienst und kaufmännischer Beruf entspricht der fraulichen Eigenart soziale Tätigkeit. Die weibliche Seele findet allzumeist nicht Ruhe, wenn sie nicht an andere denken, für andere sorgen, andere beglücken kann. Diesem Verlangen kommt das soziale Wirken weit entgegen.«

Aber nicht nur die Berufswahl – und damit die soziale Stellung innerhalb der jungen Demokratie in Deutschland – werden von Rathgeber thematisiert. Für ihn ist es vor allem ein Kampf gegen die bestehenden Zustände der teuflischen Gegenwart. Insbesondere sind es gerade die Neuerungen der Moderne, die Rathgeber ins Visier nimmt. Dazu zählt übrigens auch das von Johann Reichhart so geliebte Tanzen, dem Rathgeber Sündhaftigkeit unterstellt: »So sollte die Seele einer jeden Tänzerin mit einem Bußgürtel bewahrt sein, mit dem Geiste der Schamhaftigkeit und der heiligen Zucht, die auch im heißesten Tanzgewoge die Unruhe des Körpers zu bändigen weiß.«

Immer hat Rathgeber vollstes Verständnis für den Mann: »der Mann, der bei seinem Heimkommen statt der heiteren, warmen Sonne schwüle Gewitterstimmung im Hause findet – wird er nicht geradezu gezwungen, außer dem Hause zu suchen, was ihm daheim versagt bleibt? Die Kinder, die Tag um Tag sehen müssen, wie die Mutter einmal heiter und dann wieder plötzlich ohne bemerkbare Ursache aufgeregt, empfindlich, wortkarg ist – müssen sie nicht in ihrem Heiligen Glauben an das Fehlerlose ihrer Mutter tief erschüttert werden? Werden sie nicht bald sagen: ›Lassen wir Mama in Ruhe; sie hat heute ihren schlechten Tag.‹ Mutter, schämst du dich nicht vor den Kleinen?«

Überhaupt haben Ehefrauen für Alphons Maria Rathgeber die wahre, bis zur Selbstaufgabe ausgleichende Position inne, denn Männer sind für den katholischen Priester nur »große, naive Kinder«. Damit ihre Ehefrauen besser mit ihnen zurechtkommen, erklärt Rathgeber seinen Leserinnen knapp: »aber ein wenig Geduld könnte über das alles weghelfen.«

Diese Demut empfiehlt er auch, »wenn über Nacht [...] die junge Blüte verwelkt ist und reifversengt [...] sie ihr Köpfchen zur Erde neigt.« Kurz gesagt: »Tot liegt das Kindlein im weißen Sarg« – das Thema ist immer aktuell, auch wenn es hier mit geradezu satanischer Romantik zelebriert wird: Die Kindersterblichkeit lag Mitte der 1920er-Jahre noch bei 10%. Das war in der Tat ein enormer Fortschritt. Noch Mitte des 19. Jahrhunderts starb in der Region um Regensburg, aus der Johann Reichharts Familie ja stammt, noch jedes vierte Kind.

Dieses Buch war wirklich aus der Zeit gefallen und musste sich damals schon für viele wie Satire lesen. Dennoch beschwor es auch die Zeiten, die immer schon, auch damals, die gute, alte Zeit waren, in der bekanntermaßen alles besser war. Genau diese Weltfremdheit war es, die ein weiteres Charakteristikum dieser Zeit war. Doch für die, die von nicht gerade wenigen spöttisch als Zurückgebliebene betrachtet wurden, bot Rathgeber mit *Von Mädchenglück und Frauenliebe* einen letzten Halt.

Dieser Mission war sich Johann Reichhart durchaus bewusst. Je mehr er von diesem Buch an den Mann und die Frau brachte, umso mehr verdiente er. Aber es war sauer verdientes Geld, denn die Fahrräder der damaligen Zeit waren schwergängige Vehikel, und es ging in Oberbayern viel zu oft bergauf und nur moralisch bergab.

Doch Johann Reichhart, der Klinkenputzer im Namen der großen Moral, fühlte sich allmählich verfolgt. Und das nicht ohne Grund – wie er selbst einige Zeit später feststellen musste.

Jagd auf einen Außenseiter

Johann Reichhart trank zu viel und war zu redselig. Immer wieder wurde er verwarnt. Auf einer seiner Verkaufstouren kam es dann, wie es kommen musste: Ein gewisser Baptist Maier, der zuständige Pfarrer in Kraiburg am Inn, dem er *Von Mädchenglück und Frauenliebe* andrehen wollte, erkannte ihn sofort, denn er hatte den Henker einmal bei einer Hinrichtung gesehen.

Die »München-Augsburger Abendzeitung« veröffentlichte einen Artikel über Johann Reichhart und fragte, ob er wirklich der »echte Nachrichter Reichhart« sei? Nachbarn hatten Reportern von seinem Lebenswandel erzählt. Welchem Wandel? Er tue doch nur seine Pflicht – das Urteil, das andere gesprochen hätten, würde von ihm nur vollstreckt. Was für ihn Gewissheit bedeutete, verunsicherte andere zutiefst. So war es aber kein Wunder, dass ihm der Verlag kündigte. Ein Scharfrichter schade der guten Sache. Wieder einmal war Reichhart gescheitert. Er hatte die Nase voll. Nach 23 Hinrichtungen wollte er ein neues Leben beginnen, zumal 1929 sein viertes Kind geboren worden war: sein Sohn Hans.

Reichhart beschloss, nach Den Haag in Holland zu gehen, um dort sogenannte Hochfrequenzapparate zu vertreiben. Da kannte ihn schließlich niemand. Doch gegen seine eigenen Gefühle und Ansichten blieb er dem Staat treu ergeben und übte weiter das Amt des Scharfrichters aus. Auch wenn die Kinder auf der Straße seinen Sprösslingen hinterherriefen: »Dein Vater is' ein Kopfabschneider!«

Erregungen in den Niederlanden

Die permanenten Veränderungen machen viele atemlos. Politisch angesagt war, wer oder was Sicherheit und Ruhe bot. Der Zeitgeist war für viele elektrisierend, aber auch elektrisch. Das wusste auch Johann Reichhart und er witterte hier ein großes Geschäft. Denn bereits seit dem ersten Jahrzehnt des 20. Jahrhunderts galten sogenannte Hochfrequenzapparate als wahre Wunderwaffen gegen nahezu alle organischen und psychischen Beschwerden. Alltägliche »Überanstrengung«, schmerzhafte, muskuläre Verspannungen, unschöne Pickel, verletzte Hautpartien, aber auch innere Organe sowie Epilepsie, Asthma oder Rheuma wurden mit Hochfrequenzapparaten behandelt. Und sogar die sogenannte Hysterie. Die Nachfrage war groß. Die thüringische Paul Ätsch GmbH stellte beispielsweise monatlich allein rund 2000 dieser Geräte her, die unter dem Markennamen Phoenix vertrieben wurden.

Das Prinzip der Hochfrequenzapparate war relativ einfach: Elektrische Reize, die durch hochfrequente Wechselströme mit hoher Spannung erzeugt werden, gelangen über Glaselektroden auf die Haut und hinterlassen einen wärmenden Effekt. Die Elektrode selbst ist mit Gas gefüllt und leuchtet dadurch in gelben, roten oder violetten Farben auf.

Werbung für Hochfrequenzapparate – stilles Frauenglück

Johann Reichharts Kunden waren vor allem weiblich. Das hatte einen delikaten Grund: Man glaubte, man könne mit Hochfrequenzapparaten auch hysterische Zustände lindern oder gar heilen. Die Hysterie war der zeitgemäßen Auffassung zufolge ein typisches, psychisches Frauenleiden, das von einer Erkrankung der Gebärmutter ausging. Diese Vorstellung war – auch wenn sie eher ein Relikt des 19. Jahrhunderts war – immer noch außerordentlich verbreitet. Längst hatte es sich herumgesprochen, dass es dafür ein sehr wirksames Gegenmittel und eine »Gesundheitspflege« gab: Mit dem Hochfrequenzapparat stimulierte sich die Frau durch elektromechanische Massagen. Dieses offene Geheimnis machte den Hochfrequenzapparat zum absoluten Renner. Auch die Niederländerinnen waren hocherfreut. Kein Wunder, dass Johann Reichhart gleich drei Fliegen mit einer Klappe schlug: Mit seinem Umzug nach Den Haag war er zum einen der Zeitungskampagne gegen ihn entkommen, zum anderen konnte er zu seiner Frau auf Abstand gehen, denn die Ehe war bereits zerrüttet. Darüber hinaus war es ihm durch seine Erwerbstätigkeit möglich, der weiblichen Zielgruppe für Hochfrequenzapparate besonders nahezukommen. Unter dem Namen Mijnheer Reichhart war Johann Reichhart ab dem 10. März 1931 als unauffälliger Bewohner in der François-Valentijn-Straße 74 gemeldet.

Per Telegramm erhielt er stets die Anweisung, wann und wo eine Hinrichtung in Deutschland stattfand. Am 10. Juli 1932 köpfte Reichhart zum ersten Mal eine Frau: Erna Hasselbeck. Der Fall machte Schlagzeilen. Die Frau hatte ihren Mann ermordet – mit dem Hackebeil –, dann die Leiche zerstückelt, teilweise verbrannt und die Reste in einem Wald verstreut. Sie wollte für ihren Geliebten frei sein. Eine direkte Mittäterschaft an dem Mord konnte man diesem nicht nachweisen. Er wurde lediglich zu einer Gefängnisstrafe verurteilt.

Aber auch in Den Haag mied man Reichhart mit einem Mal. Es war wie damals in Bayern. Auf dem Wochenmarkt kaufte man nichts mehr bei ihm, schiefe Blicke wie vor ein paar Jahren in seiner Heimat trafen ihn unvermutet. Er war erschüttert. Niedergeschlagen ging er nach Hause. An seiner Wohnungstür fand er den Grund: ein herausgerissener Artikel aus der Nürnberger Boulevard-Zeitung »8-Uhr-Blatt«, den offenbar viele schon gelesen hatten. Hier stand Wort für Wort seine Geschichte. Wie hatte es dazu kommen können? Später sollte Reichhart erfahren, dass Bewerber, die ebenfalls Scharfrichter werden wollten, mitbekommen hatten, dass dieses Amt schon »von einem Herrn Reichhart« besetzt sei. Offenbar konnte er sich nicht auf die Diskretion seines Arbeitgebers verlassen.

Später sollte Johann Reichhart über seine Zeit in Holland zu Protokoll geben, dass er dort »viele Verluste« hatte. Er selbst führte das auf den Umstand zurück, dass bereits in den ersten Wochen nach der Machtübernahme Hitlers die ersten Boykotte jüdischer Geschäfte initiiert wurden: »Es ist selbstverständlich, dass, wenn einer im Ausland ein Geschäft hat und in Deutschland heisst es, ›Kauft nicht bei den Juden ein‹, dann wurde in Holland auch gesagt, ›kauft nicht bei den Deutschen ein‹.«

Neue Verhältnisse mit alten Bekannten

Johann Reichhart fuhr immer wieder von den Niederlanden nach Deutschland. Hier hatte er Familie, hier musste er hinrichten. Aber das Land hatte sich spürbar verändert. Der Mann, der seit 1918 immer wieder in seiner Nähe wie ein flackernder Schatten mal deutlich und unübersehbar, mal nur als Schemen und ohne erkennbare Bedeutung aufgetaucht war, hatte es endlich geschafft: Am 30. Januar 1933 war Adolf Hitler vom greisen Reichspräsidenten Paul von Hindenburg zum Reichskanzler ernannt worden, nachdem er ein knappes Jahr zuvor, nämlich am 25. Februar 1932, überhaupt erst die deutsche Staatsbürgerschaft erhalten hatte. Das war seit 1925 mindestens der siebte Versuch gewesen, alle anderen Bemühungen, Hitler zum Deutschen zu machen, waren gescheitert.

Es waren die alten Eliten, allen voran Industrielle und Adelige, die Hitler nun förmlich ins Amt trugen. Sie glaubten, er sei ihre Marionette. Diese Marionette glaubte jedoch an ihre Vorsehung. Der ehemalige Reichskanzler Franz von Papen, nun als Vizekanzler Mitglied der neuen Regierung, höhnte gar: »In zwei Monaten haben wir Hitler in die Ecke gedrückt, dass er quietscht!«

Es dauerte tatsächlich nur zwei Monate, bis es quietschte – aber es war nicht Hitler, sondern die Scharniere der neuen Macht. Als am Faschingsdienstag 1933 der Reichstag brannte, legte Hitler in der Folge die *Verordnung zum Schutz von Volk und Staat* vor. Der enorm geltungssüchtige Franz von Papen ermunterte Reichspräsident Paul von Hindenburg sogar dazu, dieses Gesetz zu unterschreiben. In infamer Kombination mit dem »Ermächtigungsgesetz« vom März 1933 hatte Hitler genau die diktatorischen Vollmachten, die er einst im *25-Punkte-Programm* der NSDAP von 1920 gefordert hatte. Im Mai fand die Bücherverbrennung statt. Die ersten Konzentrationslager – allen voran das Konzentrationslager Dachau unter seinem brutalen, gerade aus der Würzburger Psychiatrie entlassenen Kommandanten Theodor Eicke – wurde von Heinrich Himmler ausgerechnet an Goethes Todestag am 22. März des Jahres 1933 eröffnet.

Brudermörder oder unschuldig?

Im Wonnemonat Mai wurde Johann Reichhart aus Den Haag nach Weiden in der Oberpfalz beordert. Dort richtete er am 9. Mai 1933, einem Dienstag, morgens um 6 Uhr einen Doppelmörder hin, der längst durch die Boulevardmedien prominent geworden war. Es handelte sich um den Oberpfälzer Felix Schieder, der als »Mörder von Wendersreuth« zwei Jahre zuvor für fassungsloses Entsetzen in der Bevölkerung gesorgt hat. Ihm wurde vorgeworfen, seinen eigenen Bruder Andreas, dessen Frau Karolina und deren Tochter Erna umgebracht zu haben.

Felix Schieder war leer ausgegangen, als seine Mutter Anna 1925 die von ihrem Ehemann ererbte Land- und Gastwirtschaft nicht ihm, sondern seinem jüngsten Bruder überschrieben hatte. Von Felix hielt sie nichts, denn er sei, wie sie im späteren Mordprozess zu Protokoll brachte, »nicht sparsam« und er verkehre »viel mit Frauenzimmern«. Er hatte bereits drei uneheliche Kinder. Und er war außer sich vor Wut. Neid und Hass auf den Bruder waren sprichwörtlich und wurden aktenkundig. In einem Weidener Wirtshaus schrie er: »Die in Wendersreuth bringe ich noch um.« Später drohte er, ihnen die Gurgel durchzuschneiden. Das Ehepaar lebte in ständiger Todesangst. Brav gingen sie in der Kirche zur Kommunion, um für einen plötzlichen Tod vorbereitet zu sein. Die Tat, die sich am 19. Juli 1931 schließlich ereignete, war beinahe vorhersehbar: Von einer Magd wurden das Ehepaar und das Kleinkind gefunden, mit mehr als einem Dutzend Axthieben brutal erschlagen.

Im Januar 1932 begann der Mordprozess vor dem Schwurgericht Weiden. Es wurden über 130 Zeugen gehört, von denen viele von den Morddrohungen in den Jahren davor berichteten. Schieder hatte allerdings ein Alibi: Er habe sich zur fraglichen Tatzeit auf dem Bauernhof aufgehalten. Aber es gab nicht einen Zeugen, der ihn zur Tatzeit zwischen 20 Uhr und 4 Uhr morgens gesehen hatte. Eine Frau wollte ihn jedoch gegen 21.30 Uhr in Wendersreuth erkannt haben.

Die Polizeiarbeit war vollkommen unzureichend. Ob das Blut unter Felix Schieders Fingernägeln von den Toten oder vom eigenen Nasenbluten stammt, wie von ihm angegeben, wurde nicht geklärt. Nachweislich waren es zwei Tatwaffen, mit denen die Morde begangen wurden. Aber gab es auch zwei Täter? Vorübergehend wurde sogar seiner Mutter eine Mittäterschaft unterstellt. Doch am Ende konnte man ihr nichts nachweisen. Sie wurde freigesprochen.

Für das Gericht reichten die Indizien. Am 2. Februar 1932 wurde eine Dreiviertelstunde vor Mitternacht das Todesurteil gefällt. Schieder wartete eineinhalb Jahre auf die Vollstreckung. In seinem letzten Brief schrieb er: »Es ist ein harter Schlag für mich, so unschuldig muss ich grausam einen Martertod sterben. Aber mit Gott kann ich ruhig und glücklich sterben, denn ich habe keine Schuld und Gott verlässt mich nicht.« Mit diesem Gottvertrauen ging er in den Tod. Hatte Johann Reichhart mit Felix Schieder einen Unschuldigen geköpft? War diese Frage für Johann Reichhart von Bedeutung? Machte er sich Gedanken, wo die Justiz vielleicht allzu gedankenlos war? Unterwarf er sein Handeln einem moralischen Kompass?

Reichhart stand wenige Monate später vor einem neuen, ihm schon bekannten Problem: Zwar erhielt er dank eines neuen Vertrags vom 22. Juni 1933 – genau an dem Tag, an dem im Deutschen Reich die SPD verboten wurde – jetzt ein Grundgehalt von 3000 Reichsmark. Doch wieder war die Presse hinter ihm her. Gleich zweimal erschien der Beitrag mit dem Titel »Der Herr Justizminister soll helfen«. Einmal im »8-Uhr-Blatt« sowie im »Völkischen Beobachter«, der Parteizeitung der NSDAP, das sich selbst als Kampfblatt bezeichnet.

Man nannte seinen Namen, man nannte seine Profession. Für das Mitteilungsblatt der Nationalsozialisten, die gerade dabei waren, den neuen Verbrecherstaat in die perfekte, umsturzsichere Position zu manövrieren, war die Geschichte von Johann Reichhart natürlich nicht nur eine blutrünstige, sensationsheischende Story. Anhand von Reichharts Vollstreckungstätigkeit ließ sich zeigen, dass schon immer der Staat zum Töten der Feinde der öffentlichen Ordnung willens war – und das waren Gewaltverbrecher, die die Bevölkerung in Angst und Schrecken versetzten. Es gab zu wenige Scharfrichter in Deutschland, allerdings auch viel zu wenige Kandidaten, die für dieses Amt geeignet schienen. So verwundert es nicht, dass sich der gute, zweifelhafte Ruf des bayerischen Scharfrichters Johann Reichhart offenbar auch außerhalb Bayerns bereits herumgesprochen hatte.

So verwundert es außerdem nicht, dass sich am 9. Juli 1933 der Senatspräsident Dr. Friedlein vom Sächsischen Justizministerium in Dresden hilfesuchend an den Präsidenten des in der bayerischen Pfalz gelegenen Oberlandesgerichts Zweibrücken wandte: »Sachsen hat seit Jahren keinen Scharfrichter. Da die Vollstreckung der Todesstrafe in Zukunft wieder öfter Platz greifen wird, muß an die Verpflichtung eines neuen Scharfrichters gedacht werden. […] Es möchte deshalb geprüft werden, ob Sachsen etwa mit einem Nachbarland einen gemeinsamen Scharfrichter haben könnte. Wäre das mit Bayern möglich?« Johann Reichhart enthauptete nun auch für Sachsen.

Es kennen den Scharfrichter jedoch offenbar auch jene, die ihn namentlich gar nicht kennen sollten. Der stellvertretende Hauptschriftleiter des »Völkischen Beobachters«, Joseph Berchtold, wurde am 5. September 1933 von seinen Vorgesetzten ermahnt. Er hätte Reichharts Namen nicht nennen dürfen, schließlich musste ja schon Reichhart selbst Stillschweigen über seine Tätigkeit wahren. Ein anderer Punkt war sicherlich der Revolverjournalismus, mit der Reichharts Tätigkeit diskreditiert wurde. Daraufhin gab Berchtold »die Zusicherung, daß derartige Ausführungen im ›Völkischen Beobachter‹ nicht mehr erscheinen werden.« Der auf den Fotografien der Zeit geschniegelt aussehende Joseph Berchtold (1897–1962) war ein Nationalsozialist der allerersten Stunde. Sein Parteiausweis trug die Nr. 750. Er war wie Johann Reichhart an der Westfront als Leutnant eingesetzt gewesen.

Berchtold sollte als Journalist und Propagandist des nationalsozialistischen Terrors allerdings weiter Karriere machen und für Furore sorgen. Er äußerte sich nie wieder über Johann Reichhart direkt, würde aber diverse Todesurteile, die dieser in den nächsten Jahren vollstreckte, mit der entsprechenden Rechtfertigung begleiten und kommentieren. Auch seine Gabe der Manipulation sollte dafür sorgen, dass Johann Reichhart seine Arbeit als reine, wenn auch blutige Arbeit sehen musste – im Dienst des Staates, aber nicht im Sinne einer menschenverachtenden, massenmordenden Ideologie.

Sein erstes politisch motiviertes Todesurteil vollstreckte Johann Reichhart am 9. September 1933 an dem 22-jährigen Dienstknecht Lorenz Schriefer. Bereits im Mai hatte dieser im oberfränkischen Gaiganz bei Forchheim den vier Jahre älteren Josef Wiesheier erschlagen. Das Ganze war ein Eifersuchtsdrama gewesen.

Allerdings war Josef Wiesheier Mitglied der SA, Schriefer dagegen Mitglied der Bayerischen Volkspartei. Das war vor allem der Grund, warum dieser Mordfall großes Aufsehen erregte. Eine Revision wurde verworfen und eine Begnadigung durch den bayerischen NSDAP-Statthalter Franz Ritter von Epp abgelehnt. Nach der Hinrichtung wurde der Tote der Anatomie der Würzburger Universität übergeben. Das Urteil wurde bis heute nicht revidiert.

Rückkehr in ein anderes Land

Als Johann Reichhart im Oktober 1933 endgültig aus den Niederlanden nach Deutschland zurückkehrte, hatte sich das Land verändert. Seine Ehe war längst am Ende. Immer wieder wurde kolportiert, dass seine Frau sich von ihm getrennt hatte, weil er Blut an seinen Händen gehabt hätte. Frau Reichhart wusste allerdings, mit wem sie verheiratet war. Scheiden lassen sollten die beiden sich jedoch nie. Dazu waren sie zu fromm. Reichhart zog mit seiner Familie nach München, in den Stadtteil Au, an den Mariahilfplatz 1.

München leuchtete jetzt auch für Johann Reichhart, denn es war nicht irgendeine Stadt. Es war die »Hauptstadt der Bewegung« – so hieß sie seit 1935 auch offiziell. Hier hatte Hitlers Aufstieg begonnen, von hier war aus dem seltsamen Traum ein angekündigter Zivilisationsbruch geworden. Bereits am 10. März 1933, also rund sechs Wochen nachdem Hitler zum Reichskanzler ernannt worden war, hing an Münchens Rathaus schon die Hakenkreuzflagge.

Zwar hielt der Erste Bürgermeister Karl Scharnagl von der Bayerischen Volkspartei noch ein paar Wochen durch, aber am 20. Mai 1933 war es endlich soweit: Der alte Kämpfer Karl Fiehler (1895–1969), bereits seit 1920 Mitglied der NSDAP, seit 1922 kleiner, unbedeutender Beamter in der Münchner Stadtverwaltung, 1923 aktiv beim Münchner Hitlerputsch dabei und seit 1924 ehrenamtlicher Stadtrat in München, wurde nun offiziell Münchner Oberbürgermeister.

Als kommissarischer Oberbürgermeister hatte er bereits am 30. März den Boykott von Geschäften, Arztpraxen und Rechtsanwaltskanzleien, die von Münchnern mit jüdischer Konfession betrieben wurden, ausgerufen. Sofort kamen 280 Juden in sogenannte Schutzhaft. Fiehler wollte schnellstmöglich durchsetzen, was er für richtig hielt. Der Boykott war eigentlich für den 1. April 1933 vorgesehen, also zwei Tage später. Fiehler konnte es aber nicht erwarten, München sollte braune Vorzeigestadt werden. Immerhin hatte hier Hitler seinen ersten Wohnsitz. Das verpflichtete.

Bis Oktober 1933 wurden allein 14214 Menschen in das völlig überfüllte

Konzentrationslager Dachau gebracht, von denen zwischen 2000 und 2600 dauerhaft eingesperrt blieben. Am 6. Mai fand die Bücherverbrennung auf dem Königsplatz statt. 50 000 Neugierige beobachteten, wie grölende SA-Männer die Werke von Heinrich Mann, Erich Kästner, Lion Feuchtwanger und anderen unliebsamen Autoren ins Feuer warfen. Die einst so geistreiche Stadt der Künste blutete aus. Dafür hatten gewiefte Juristen ganze Vorarbeit geleistet: Allen voran Franz Schlegelberger (1876–1970), Staatssekretär im Reichsjustizministerium. Er versprach bereits wenige Wochen nach Hitlers Machtantritt, dass alle Organe der »Justiz die jetzige Regierung der nationalen Erhebung auf das energischste […] unterstützen werden«.

Am 21. März 1933 wurde vom Kabinett Hitler die *Verordnung zur Abwehr heimtückischer Diskreditierung der nationalen Regierung* verabschiedet und von Reichspräsident Paul von Hindenburg unterschrieben. Der wichtigste Punkt in dieser Gesetzgebung war die Beleidigung oder Verunglimpfung des NS-Staates und seiner »Regierung der nationalen Erhebung«. Besonders bemerkenswert war dabei § 2. Dort hieß es unter anderem: »(2) Ist die Tat in der Absicht begangen, einen Aufruhr oder in der Bevölkerung Angst und Schrecken zu erregen oder dem deutschen Reich außenpolitische Schwierigkeiten zu bereiten, so ist die Strafe Zuchthaus nicht unter drei Jahren oder lebenslanges Zuchthaus. In besonders schweren Fällen kann auf Todesstrafe erkannt werden.«

Aus dieser Verordnung wurde im Dezember 1934 das *Gesetz gegen heimtückische Angriffe auf Staat und Partei und zum Schutz der Parteiuniformen*. Das Gesetz war so schwammig auslegbar, dass nahezu jede kritische oder unerwünschte Äußerung einen Straftatbestand darstellen konnte. Da sich die neu eingeführten Sondergerichte mit solchen Fällen beschäftigten, unterblieb eine gerichtliche Voruntersuchung und Haftprüfung. Innerhalb von drei Tagen fand bereits der Prozess statt und das Urteil wurde augenblicklich rechtskräftig. Das Gesetz zeigte Wirkung: Allein für das Jahr 1937 wurden 17 168 Personen angezeigt, mehr als 7000 angeklagt und davon rund die Hälfte verurteilt. Aber das war nicht allein die Wirkung dieses Gesetzes. In Deutschland nistete sich der Grundtenor von Misstrauen, Denunziation und Angst ein. Das öffnete der Willkür Tür und Tor.

Der Hass wurde zum schlagkräftigen Gassenhauer, die Straße zum

Spielfeld von Rassenhass und Hass gegen sogenannte Untermenschen – das waren Juden, Kommunisten, Sozialdemokraten und im Grunde alle bekennenden Demokraten.

Viele Deutsche sahen im Nationalsozialismus das revolutionäre Element, mit dem sie selbst es allen mal zeigen konnten. Die Zahl der Anzeigen und Denunziationen stieg enorm an. Selbst NS-Juristen hatten damit nicht gerechnet. Es wurden Sondergerichte eingeführt, auch um diese Flut in den Griff zu bekommen.

Für nicht wenige war das provozierend – sie sahen sich in ihrem demagogischen Imperativ zügellos bestätigt und bewarben sich als Scharfrichter bei den unterschiedlichsten Stellen wie dem Reichsjustizministerium oder gleich bei Hermann Göring oder Joseph Goebbels persönlich. So schrieb ein Bewerber in radebrechendem Stil am 1. März 1933: »Durch die Presse erfahren, dass die Stelle des Scharfrichters im Freistaat Preußen frei ist. Möchte mich um den Posten bewerben, aus zwei Gründen: 1. Aus Hass gegen das Untermenschentum. 2. Aus wirtschaftlichen Nöten! Dass ich badischer Staatsbürger bin, sollte nichts ausmachen. Denn wir sind auch Deutsche!« Ein gewisser Franz T. bewarb sich im Oktober 1933 mit einem anderen, ebenso erschreckend klaren Grundtenor: »Da ich sehr großes Interesse habe und auch wohl die Kaltblütigkeit das Scharfrichteramt erlernen zu dürfen. Ich bin Katholischer Konfession[...].«

Der gläubige Katholik Johann Reichhart glaubte auch an den Staat mit seinen Gesetzen und seiner Ordnung. Jetzt war der Staat diktatorisch. Der Rechtsstaat der Weimarer Republik war dem Willkürstaat gewichen, der sich vor allem als infernalische Exekutionsgewalt eines Volkswillens verstand. »Sie sind Deutschland. Wenn Sie handeln, handelt die Nation. Wenn Sie richten, richtet das Volk«, schrie selig Rudolf Heß in einer Rede auf dem Nürnberger Reichsparteitag der NSDAP 1934.

Der von der Niederlage 1918 schwer traumatisierte Westfrontkämpfer Rudolf Heß war mit seinem Führer endgültig im Elysium angekommen. In diesem Hitler-Deutschland wurde er langsam ein gefragter Mann. Einer der Letzten seines Fachs ging in seiner Rolle immer mehr auf. Auch wenn das vielleicht widerwillig geschah, so bekam er immer mehr Aufträge und führte sie aus.

Reichhart war der Vollstrecker für Hitler geworden, von dem Heß mit leuchtenden, seligen Augen geschwärmt hatte: »Wenn Sie richten, richtet das Volk.« Noch waren es gewöhnliche Mörder, die Reichhart hinrichtete, aber schon wenig später richtete er für eine Mörderkaste Gefangene hin, die weder einen fairen und erst recht keinen rechtsstaatlichen Prozess bekommen hatten. Das wusste er zu diesem Zeitpunkt nicht – ahnen konnte er es sehr wohl.

Karl Alt – Pfarrer und Beobachter

Es war der Tag des Röhm-Putsches, der 30. Juni 1934, als der nicht einmal 37-jährige evangelische Pfarrer Karl Alt (1897–1951) seinen neuen, weiträumigen Pfarrbezirk Giesing und Harlaching zusammen mit seinem Vorgänger im Auto durchfuhr. Als sie das Gefängnistor passierten, hörten sie die Gewehrsalven der SS. Erst später erfuhr er, was dort vorgefallen war.

Alt hatte bis zu diesem Zeitpunkt viel mitgemacht. Dass er ein beherzter Gegner der Nationalsozialisten war und der Bekennenden Kirche nahestand, lag ironischerweise wohl auch daran, dass er eine Behinderung im rechten Arm hatte, die von einer Verwundung aus dem Ersten Weltkrieg herrührte. Mit 13 Jahren war Karl Alt bereits Vollwaise. Er wuchs bei einer älteren Schwester in Erlangen auf. Bereits 1916 wurde er als Kriegsversehrter entlassen. Aus dem furchtbaren Erleben zog er seine eigenen Schlüsse: Bis 1920 studierte er Theologie in Erlangen und Tübingen und promovierte 1926 über *Jakob Brucker, ein Schulmeister des 18 Jahrhunderts.*

Als Pfarrer verstand er sich in erster Linie als wahrer Seelsorger. So arbeitete er ab 1929 fünf Jahre als Hausgeistlicher an der Heil- und Pflegeanstalt in Ansbach.

In Stadelheim stellte Alt, wie er in seinem 1946 erschienenen Rechenschaftsbericht *Todeskandidaten* schreibt, schnell fest, »dass wie auf allen Lebensgebieten [...] das Dritte Reich [...] ganz besonders im Bereich der

Justiz total umstürzlerisch wirkt. Wie der Strafzweck, so wurde auch der Strafvollzug völlig und zwar verheerend umgeformt. Beide sanken auf mittelalterliche, geradezu barbarische Stufen zurück. [...] Folterung und grausamste Leidens- und Lebensstrafen wurden eingeführt, wie sie in kultivierten Ländern und Zeiten als unmöglich und unglaublich erscheinen.«

Gefängnis Stadelheim

Zuerst war Stadelheim, in München auch liebevoll »St. Adelheim« genannt, ein Strafvollstreckungsgefängnis gewesen, dass »verurteilte Männer und Frauen, die höchstens drei Monate abzubüßen hatten, beherbergte, zumeist notorische Bettler, Arbeitsscheue, Lohndirnen und andere Asoziale, die sich geringfügige kriminelle Vergehen, etwa kleinere Diebstähle und Betrügereien, hatten zuschulden kommen lassen. Nun wurde es in ein Strafgefängnis umgewandelt für schwere und schwerste kriminelle Delikte, vor allem aber auch für politische Häftlinge, die entweder schon verurteilt waren oder aber – oft viele Monate lang – ihrer Verhandlung und Verurteilung entgegensahen.«

Teil dieses Systems war auch Johann Reichhart. Und er wurde von Alt, wie auch die anderen Todeskandidaten, vor allem einfach als Mensch wahrgenommen. Diese belasteten das Gedächtnis von Alt, seine Empfindungen und Erinnerungen derart, dass er bereits 1951 nicht allein an seiner Kriegsverletzung aus dem Ersten Weltkrieg sterben sollte.

Karl Alt war nicht nur Chronist dieser Schicksale, sondern gewissermaßen auch Archivar der Zustände – die übrigens nicht nur für Stadelheim galten: »Eine besondere sadistische Methode des nationalsozialistischen Strafvollzuges bestand darin, daß grundsätzlich die politischen Häftlinge, die ehedem mit nicht ehrenrühriger Festungshaft bedacht wurden, mit kriminellen Sträflingen auf eine Stufe gestellt und unter sie gemischt wurden – eine bislang unerhörte Diffamierung. So kam es, daß z. B. eine politisch denunzierte bekannte Schriftstellerin den Arbeits- und Schlafsaal teilen mußte mit vielfach vorbestraften und rückfälligen Dirnen und Diebinnen. Hochschuldozenten und Akademieprofessoren saßen neben Hehlern und homosexuellen HJ-Führern, hohe und höchste Offiziere neben Fahnenflüchtigen und Selbstverstümmlern, Lehrer und Beamte neben Lebemännern, Betrügern und Bankrotteuren.«

Das war der moralische Jargon der Zeit, Kriminelle mit aus der nationalsozialistischen Ideologie heraus Kriminalisierten wie Homosexuelle gleichzusetzen, die aufgrund des berüchtigten Paragrafen 175 Straftäter geworden waren.

Aber Pfarrer Karl Alt sah auch die zum Tod Verurteilten in den dunkelsten ihrer ohnehin schon dunklen Stunden – den letzten Stunden ihres Lebens. Karl Alt wurde dadurch fast so etwas wie der Bewahrer letzter Augenblicke und Gedanken. Oft waren nicht einmal die Verurteilten noch namentlich bekannt. Was von ihnen geblieben ist, hat Karl Alt in *Todeskandidaten* für die Nachwelt verewigt. Da schrieb ein Raubmörder beispielsweise: »In der letzten Stunde meines Lebens ist dies mein einziger und letzter Trost, dass ich ein Eiland habe, der vom Krippen Laien bis zum Grabe bis zum Thron, da man ihn ehret, mit dem Sünder zugehöret. Denn Jesus nimmt die Sünder an, ob die Sünden blutrot wären, müssen sie kraft seines Blutes, dennoch sich in schneeweiß kehren, da ich gläubig sprechen kann, Jesus nimmt mich Sünder an.«

Das klingt schon fast wie eine Fälschung, allzu formelhaft aus dem Mund des Pfarrers gesprochen und mit reichlich viel Stoßgebet und Vergebenshoffnung auf den schmalen Lippen. Aber Alt hat auch eindeutig authentische Zeugnisse hinterlassen. Dazu gehört zum Beispiel der Brief eines namentlich von Alt nicht erwähnten Raubmörders: »Liebe Mutter! Heute, da ich Dir diese wenigen Zeilen schreibe, solltest Du wissen, dass dies der letzte Brief von mir ist! Morgen früh ist meine Lebensbahn auf dieser Erde zu Ende. Werde hingerichtet! Habe nicht gedacht, daß sie einmal so enden würde. Schicksal ist Schicksal. War doch keine ehrliche Kugel für mich gegossen! Darum, liebe Mutter, sei mir nicht böse; verzeih Deinem Sohn! Habe nicht mehr das Glück, Dich zu sehen! Aber eins ist gewiss: im Himmel sehen wir uns alle wieder. Auch du und ich, Mutter. Es fällt mir schwer, kannst glauben, dir dieses zu schreiben. Aber es ist vielleicht besser so.«

Es ist schwer auszumachen, ob Karl Alt hier wirklich wortwörtlich oder aber aus dem Gedächtnis zitierte. In der Tat war er schließlich auch Autor des Buches *Das Jahrhundert des Gotteskindes. Worte an Männer, Mütter und moderne Jugend*. Eine eigene Verantwortung für Moral und Sittlichkeit schien auf ganz eigene Weise den evangelischen Pfarrer Karl Alt mit dem katholischen Priester Alphons Maria Rathgeber, dessen Buch *Von Mädchenglück und Frauenliebe* Johann Reichhart vertrieb, verbunden zu haben. Doch selbst wenn Karl Alt mit einem gewissen literarischen Können tatsächlich die Worte eines Gefangenen oder einer Gefangenen aufs Papier zauberte, so können sie doch so gesagt worden sein. Wie beispielsweise die Worte einer Lohndirne, die an ihre Eltern verzweifelt schrieb: »Liebe Eltern! Nun muss ich doch sterben. Helft mir doch! Verzeiht mir bitte! Warum helft ihr mir nicht? Bitte, bitte helft mir! Muss dies nun sein? Warum hat mich Gott verlassen? Mutter, warum bist Du nicht noch einmal gekommen? Warum habt ihr mich nun verlassen? Gibt es keine Gerechtigkeit mehr?« Und fast lapidar schreibt sie: »Ich möchte ja gerne euch noch einmal sehen. Aber leider geht's nicht. Lebt wohl!«

Sie alle wurden von Johann Reichhart geköpft. Die Nacht vor Reichharts Vollstreckungsarbeit verbrachten die Verurteilten in der sogenannten Armesünderzelle. »Sie befindet sich im Erdgeschoss des Altbaues«, schreibt

Karl Alt, »ist etwa 3 bis 4 mal so groß wie eine normale Einzelzelle, hat ein gutes Bett, auf dem zu meiner steten Verwunderung mancher Delinquent oft noch bis kurz vor seiner Hinrichtung fest schlief und schnarchte, während ich in den Nächten vor der Vollstreckung schon daheim und noch weniger in der Armesünderzelle kein Auge zudrücken konnte. Ein großer Tisch mit mehreren Stühlen, ein Betschemel vor einem an der Wand hängenden Kruzifix vervollständigten die Einrichtung der Armesünderzelle, in der so viele Seufzer gen' Himmel gesandt wurden, bis früh dann die Sonne durch die nach Osten gelegenen Fenster hereinleuchtete und Punkt sechs Uhr die ›Armesünderglocke‹ den gewaltsamen Tod eines unglücklichen Menschenkindes verkündigte.«

Minutiös schildert Karl Alt, was in den letzten Stunden dann passierte: »Ursprünglich wurde dem Todeskandidaten tags zuvor früh um sechs Uhr in Gegenwart des Gefängnisvorstandes oder seines Stellvertreters, des Anstaltsarztes, eines Urkundenbeamten als Protokollführer und des Geistlichen vom Staatsanwalt eröffnet, dass der ›Führer‹ von ›seinem Begnadigungsrecht keinen Gebrauch gemacht habe und der Gerechtigkeit freien Lauf lasse‹ und somit die Hinrichtung in 24 Stunden stattfinden werde. Der Delinquent konnte sich noch einen Tag Gnadenfrist erbitten, was aber selten geschah und immer bereut wurde, in 48 Stunden den sicheren und unausweichlichen Tod vor Augen zu haben, ist eine geradezu unerträgliche Qual. Schon 24 Stunden ist eine schier unendliche Zeit. Zunächst musste der in die Armesünderzelle Verbrachte erst innerlich mit der Tatsache seines unwiderruflichen Urteils fertig werden und ›sich fangen‹, bis er zu einem klaren Gedanken fähig war. Denn der Delinquent hatte noch bis zuletzt auf Begnadigung gehofft, und war durch deren Ablehnung wie vor den Kopf geschlagen. Dann versuchte er wohl noch ein Wiederaufnahmeverfahren zu beantragen und vor einem Urkundsbeamten zu begründen und zu Protokoll zu geben, doch habe ich nie erlebt, dass dies zu einer Aufhebung [...] der Hinrichtung führte, welch letztere ja nur die Qualen verlängerte. Darum war es am besten, wenn man sich nach der Öffnung auf den letzten Gang einrichtete, den letzten Willen und die Abschiedsbriefe niederschrieb und seine Seele für die Ewigkeit bereitete.«

Jetzt, Mitte der 1930er-Jahre, gab es auch noch eine Henkersmahlzeit:

»heißen Tee und Schweinebraten mit Kartoffelsalat, auch einige Flaschen Bier und mehrere Schachteln Zigaretten.«

Als Pfarrer kann Karl Alt tatsächlich zu dieser Zeit noch darauf einwirken, dass Sonderwünsche erfüllt werden. »Einem Hamburger Artisten beispielsweise, der wegen wiederholter Heiratsschwindeleien zum Tode verurteilt war – er hatte früher einen dressierten Löwen, einen Hund und einen Ziegenbock auf Schaustellung vorgeführt –, konnte ich noch einen wüsten Wunsch erfüllen. Er bestand darin, einen großen Eßtopf voll Marmelade löffelweise auszukosten. Er war überglücklich bei diesem Genuss und ging daraufhin ganz befriedigt zum Schafott«, hinter dem Johann Reichhart schon stand, um mit seinen Gehilfen die Vollstreckung des Todesurteils auszuführen.

Neue Konjunktur

Die Hinrichtungen stiegen in den ersten zwei Jahren unter Hitler nicht wirklich an. Das hatte einen fürchterlichen Grund: Politische Morde im Sinne von Exekutionen der nicht zum Tod Verurteilten, wohl aber zum Tod Geweihten, fanden in Konzentrationslagern oder in der Gestapohaft statt. Von Folterungen und Exekutionen in den Konzentrationslagern konnte jeder wissen, der es wissen wollte. Die Mundpropaganda funktionierte. Aber die strafrechtlichen Hinrichtungen von Mördern blieben fürs Erste konstant.

»Erst von 1935 oder 1936 stieg die Zahl der Hinrichtungen wieder an auf ca. 7–8 im Jahr«, erinnerte sich Johann Reichhart drei Jahrzehnte später bei einer Vernehmung. »Nach 1937 wurden die Hinrichtungen häufiger.« Bis 1938 gab es bereits 25 Delikte für die man zum Tod verurteilt werden konnte, dazu gehörten auch notorische Betrüger wie der bereits erwähnte Heiratsschwindler.

Auch musste Johann Reichhart mehr organisieren als bisher: »Die Fallschwertmaschine wurde grundsätzlich in der Strafanstalt Stadelheim in München aufbewahrt.« Reichhart fuhr sie mit einem Opel Blitz an den Ort der Vollstreckung. »Das Messer der Maschine wurde gesondert im Justizministerium aufbewahrt.« Das erinnert an das Reglement für Jäger: Munition wird grundsätzlich gesondert und nicht in unmittelbarer Nähe der Waffe deponiert.

Auch wurde Reichhart ein vielbeschäftigter Vollstrecker: »Seit 1938 habe ich nicht nur in Bayern Hinrichtungen vollzogen, sondern auch etwa in Frankfurt, Stuttgart, Köln, Weimar, Dresden, Berlin und an anderen Orten.« Zuvor wird er informiert und muss selbst seine Gehilfen informieren. Reichhart ist Verantwortungsträger: »Ich wurde entweder von einem Staatsanwalt oder von einem anderen Justizbeamten, z. B. einem Inspektor aus Stadelheim, angerufen, daß ich zu einem bestimmten Zeitpunkt z. B. in die Strafanstalt Stadelheim zum Vollzug einer Hinrichtung kommen solle. Bei diesem Anruf wurde mir auch schon gesagt, wann und um wieviel Uhr die Hinrichtung stattfinden soll. Ich kam immer schon mehrere Stunden früher, um meine Fallschwertmaschine aufzubauen. Für diese Arbeit habe ich meine Gehilfen mitgenommen.«

Reichhart galt zu diesem Zeitpunkt als gewissenhafter Arbeiter im Dienst des NS-Staats und war sich seiner Sache sicher: »Sobald die Fallschwertmaschine aufgebaut war, habe ich dem Vollstreckungsstaatsanwalt hiervon Meldung gemacht, daß die Maschine zur Vollstreckung in Ordnung ist.«

Doch die Vollstreckungen nahmen zu und Reichhart sorgte für das richtige Personal, das er selbst rekrutierte und auch persönlich ausbildete. Reichhart wurde ein Lehrer in Sachen Enthauptung: »Bis etwa 1937/38 habe ich mein Nachrichteramt mit zwei Gehilfen ausgeübt und von da ab dann mit drei. Die Gehilfen wurden von mir persönlich nach Rücksprache mit der Strafvollstreckungsbehörde angestellt und eingearbeitet.«

Unter seinen Gehilfen befand sich übrigens auch Alois Weiß (1906–1969), der ab 1943 Scharfrichter in Prag sein würde. Bis 1945 sollte dieser insgesamt an 1079 Hinrichtungen mitgewirkt haben. Unter den sieben Hauptscharfrichtern des »Dritten Reichs« war er der Buchhaltertyp. Auf rund 70 Seiten führte er genau auf, wen er wann für welche Vergütung hingerichtet hatte. Unter den von ihm Hingerichteten befand sich auch die

Operettensängerin Marianne Golz (1895–1943), die sogar mit dem damals schon berühmten Tenor Richard Tauber in einer Salzburger Inszenierung von *Die Fledermaus* auf der Bühne gestanden hatte.

Seit Kriegsbeginn gehörte Marianne Golz, selbst Jüdin, einer Widerstandsgruppe an, die Juden mit gefälschten Papieren zur Flucht verhelfen wollte. Bereits am Tag ihres Prozesses wurde Marianne Golz enthauptet.

Karl Valentins Witz

Für seine Gehilfen musste Johann Reichhart persönlich bürgen. Reichhart, selbst Quartalssäufer, gab dazu drei Jahrzehnte später zu Protokoll: »Die Gehilfen durften nicht vorbestraft sein, sie durften auch keine Schwätzer und Säufer sein.« Dennoch kam es 1934 zwischen Johann Reichhart und einem seiner Assistenten zu einem sonderbaren Eklat: Angeregt durch die Erzählungen seines Vaters, der mit Franz Xaver Reichhart befreundet gewesen war, stellte der bayerische Komiker Karl Valentin (1882–1948) in seinem Panoptikum eine Guillotine auf.

Um die Vorstellung möglichst echt – im wahrsten Sinne des Wortes – über die Bühne zu bringen, wurde Joseph Donderer, einer von Johann Reichharts Gehilfen, engagiert. Er sollte dafür sorgen, dass alles möglichst wirklichkeitsnah aussah, denn Valentin hatte eine Nummer mit dem Thema Enthauptung geschrieben. Sie dürfte seiner *Schlamperei* ähnlich gewesen sein: Valentin ist eigentlich zum Tod durch Enthauptung verurteilt. Da der Henker wegen Schlamperei aber das Beil nicht findet, will der Richter auf Tod durch den Strang umdisponieren. Valentin aber kennt auch noch auf dem Richtplatz seine Paragrafen: »›Ausgeschlossen! In meinem Urteil hab ich es schwarz auf weiß: Enthauptung. Ich bestehe darauf, daß ich geköpft werde, und zwar sofort. Jetzt bin ich schon amal da, und Abschied hab ich auch schon genommen von meinen Angehörigen – also los!! Runter mit'n Kopf! Scheißt's net so lang rum.‹«

Reichhart entließ Donderer sofort und hatte keine Skrupel, an seiner Stelle dessen Bruder Georg einzustellen. Am 26. März 1935 beschwerte sich »Friseurgeschäftsinhaber Joseph Donderer, Färbergraben 7, München« über Reichhart bei der Staatsanwaltschaft: Er sei Kommunist. Doch ein Verfahren wurde gar nicht erst eröffnet. Man wusste, was man an Reichhart hatte.

Stelldichein eines Hinrichtungsvoyeurs

Das weiß auch ein ganz besonderer Gast, der es sich nicht nehmen ließ, Johann Reichhart bei der Arbeit einmal über die Schulter zu schauen. Es war kein Geringerer als der fränkische Gauleiter und Gründer, Eigentümer und Herausgeber des »Stürmer« Julius Streicher (1885–1946), der selbst für nationalsozialistische Verhältnisse geradezu pathologische, obsessive und pornografieversessene Züge an den Tag legte, wenn er Juden und Sozialisten in seinem radikalen Hetzblatt attackierte.

Schon als Lehrer war er durch enormen Jähzorn aufgefallen. Sein Kampfblatt »Der Stürmer« machte ihn zum mehrfachen Millionär. Doch der Hinrichtungsvoyeur Julius Streicher hatte auch einen Beobachter, nämlich Karl Alt, der ließ bei seiner Schilderung seiner ganzen alttestamentarischen Wortgewalt freien Lauf: »Ein arbeitsscheuer Kerl hatte mit seiner Geliebten eine Autodroschke für eine Überlandfahrt gemietet. Als sie durch eine einsame Gegend fuhren, suchte der Gangster den ahnungslosen Taxichauffeur von rückwärts zu erschießen, um ihn dann mit Hilfe der Dirne seiner stattlichen Barschaft zu berauben. Der Anschlag misslang. Der Chauffeur wurde nur leicht getroffen und konnte den Räuber überwältigen. Nun wurde kurzer Prozess gemacht. Die Sache lag klar. Im Schnellverfahren wurde der Verbrecher früh um 9.00 Uhr vor Gericht geführt, mit sechs erhielt er das Todesurteil, abends wurde er mit dem Schnellzug nach München geschafft und sollte noch am selben Tag hingerichtet werden.

Auch der Gauleiter kam mit demselben Zug. Er wollte sich die Sensation einer so schleunigst inszenierten Exekution nicht entgehen lassen. Die unvermeidliche Reitpeitsche in der Hand stolzierte er mit seinem Gefolge an. Als der Delinquent in Stadelheim eintraf, war nur noch eine Stunde bis Mitternacht, also eine nur allzu kurze Frist für seine seelsorgerische Betreuung. Er hatte dazu seit dem frühen Morgen nichts mehr genossen und aß gierig und sturmhungrig seine ›Henkersmahlzeit‹.

Den geistlichen Zuspruch, für den überhaupt nur wenige Minuten noch Zeit gewesen wäre, lehnte er rundweg ab. Nicht einmal seiner Mutter wollte er mehr schreiben. Selbst Julius Streicher, der ihm hierzu auch zuredete, konnte dies nicht erreichen. Vielmehr stieß der Gangster noch gräuliche Flüche über seine Mutter los, die er bezichtigte, an seinem verpfuschten Leben und an diesem Ende die Schuld zu tragen. Aber überhaupt nur essen und tüchtig trinken, denn ›lustig gelebt und lustig gestorben‹ sei seine Losung von jeher. Mit der vom Gauleiter noch extra gestifteten Flasche Starkbier prostete er Streicher zu. Und dann ging's – eine Minute vor Mitternacht – zur Richtstätte. [...] Im Beisein des Gauleiters, der sich vorher die Mechanik der Guillotine genau hatte zeigen und erklären lassen, fiel das Haupt unter dem Fallbeil.«

Nur wenige Jahre später verlor Julius Streicher, der die Todesstrafe für sogenannte Rassenschänder mit aller Kraft propagierte, seine gesamten politischen Ämter. »Rassenschänder« – meistens jüdische Männer, die eine Beziehung zu einer sogenannten deutschblütigen Frau hatten – wurden ein paar Jahre später von Johann Reichhart ebenfalls hingerichtet.

Julius Streicher selbst hatte sich widerrechtlich an jüdischem Eigentum bereichert, das nach der nationalsozialistischen Gesetzgebung dem deutschen Staat gehört hätte. Seine bestialische Aggressivität selbst gegenüber NSDAP-Führern und sein extrem übergriffiges Verhalten gegenüber Frauen wurden von einem Gauleiter-Ehren-Gericht geahndet. Viele führende Nationalsozialisten hielten ihn nicht für zurechnungsfähig. Er wurde 1946 als Angeklagter des Nürnberger Prozesses gehängt – an einem Galgen, der ironischerweise unter Johann Reichharts Anleitung errichtet worden war.

Im Vollrausch

Johann Reichhart trank immer zu viel, um sein Leben auszuhalten, ohne aus der Rolle zu fallen oder gar durchzudrehen. Die Nüchternheit, mit der er scheinbar seine Tätigkeit als Scharfrichter ausübte, war erschreckend. Jedem, der mit ihm zu tun hatte, musste es auffallen. Besonders musste es alle an einer Hinrichtung Beteiligten erschrecken. Es gab aber offenbar nur sehr wenige Beschwerden, in denen Trunkenheit ein Thema war. Außer in Karl Alts *Todeskandidaten* gibt es keine aufgefundenen Quellen, die überhaupt beschreiben, wie sehr Reichhart sich vor Hinrichtungen – zumindest in München-Stadelheim – betrunken haben musste.

Betrunken – anders hielt Reichhart seine Tätigkeit als Scharfrichter, der Verantwortung dafür trug, eine Enthauptung sauber, pünktlich und ordnungsgemäß über die Bühne zu bringen, offensichtlich kaum aus. Abends war er meistens in den Münchner Wirtshäusern unterwegs.

Bereits 1938 wurde Reichhart auffällig, als er mit seinen Zechkumpanen in Streit geriet und wohl kritische Töne über das NS-Regime die Runde machten, und es kam sogar zu einer Anzeige mit anschließender Ermittlung, die aber ergebnislos beendet wurde. Alle Beteiligten wären zu sehr betrunken gewesen. Bei der Überprüfung der Personalien von Johann Reichhart wurde jedoch festgestellt, dass er nicht Mitglied der NSDAP war. Rückwirkend wurde er zum 1. Mai 1937 NSDAP-Mitglied, so wie man es ihm nahegelegt hatte. Mit der Mitgliedsnummer 5 096 271 war er ein eher Spätberufener. In seiner NSDAP-Gaukarte, die sich erhalten hat, ist sogar sein Beruf vermerkt: »Nachrichter«. Sein Geburtsort wird mit *Weihenbach* statt *Wichenbach* falsch angegeben.

Aber was war wirklich passiert? Die Aussagen widersprechen sich. Richtig scheint wohl: Nach einem Oktoberfestbesuch gingen Reichhart, der Steuerberater Heinrich Dollinger und ihr Bekannter Wilhelm Kellendorfer noch in die Weinwirtschaft »Bauernstübl« in der Rumfordstraße.

Vollkommen betrunken behauptet Kellendorfer, dass Hitler nie im Krieg gewesen sei und das Eiserne Kreuz irgendwo gestohlen habe. Ein paar Tage später war Reichhart bei Dollinger, der Reichhart nötigte, seine

Unterschrift unter ein Schreiben zu setzen, mit dem er bittet, den Vorwürfen und den Aussagen Kellendorfers nachzugehen. Das Verfahren wurde niedergeschlagen.

Das beruht auf einer Selbstaussage von Johann Reichhart. Anders lesen sich die Zeugenaussagen in Reichharts Entnazifizierungsakte. Ein Alois Meier behauptet hier: »R. verkehrte früher in meinem Lokal. Ich halte ihn für einen ganz gemeinen Denunzianten und Nazi-Schuft. Als im Jahre 1939 zu sehen war, dass Hitler auf einen Sieg hinarbeitete, wurden die verschiedenen politischen Möglichkeiten am Stammtisch erörtert. Ein Freund sagte, wenn Hitler einen Krieg begänne, so habe er sein Eisernes Kreuz im ersten Krieg gestohlen und er kenne den Krieg nicht. Darauf wurde R. sehr wütend und drohte dem Sprecher mit Meldung bei der Gestapo und mit Erschiessung. Einige Tage später wurden wir wirklich bei der Gestapo vorgeladen und wurde dor[t] R.s Anzeige vorgelesen. Dies geschah erst, nach dem Herr Kellendorfer, der diese Aeusserung tat, abgelehnt hatte, RM 1.000.– Schweigegeld zu zahlen. Nur durch glückliche Zufälle unternahm die Gestapo damals keine ernsteren Schritte gegen uns. Als R. dies erfuhr, versammelte er die Kameraden seines NSKK-Sturmes [das Nationalsozialistische Kraftfahrkorps, eine paramilitärische Organisation für Automobilbegeisterte] im Cafe Orlando di Lasso, um den Sturm zu veranlassen, mein Weinlokal in Trümmer zu schlagen. Der NSKK-Sturmführer hat dies jedoch abgelehnt. Als dieser Versuch gescheitert war, sagte R.: ›Jetzt werde ich dieses Kommunistennetz allein ausheben.‹ Er kam daraufhin in NSKK-Uniform mit umgeschnalltem Browning in meine Weinstube. Ich forderte ihn auf das Lokal zu verlassen, darauf zog er seine Pistole und stiess heftige Drohungen und Beschimpfungen aus, ehe er das Lokal endlich verliess.«

Der Wahrheitsgehalt dieser Aussage ist zumindest zweifelhaft. Es gibt einen zeitlichen Unterschied, wie anhand der Aussage von Wilhelm Kellendorfer zu sehen ist: »[…] äusserte ich einmal kurz vor Kriegsausbruch, dass Hitler sein EK I bestimmt nie richtig verdient hätte, wenn er jetzt einen Krieg begänne.« Bei Kellendorfer ist es einmal kurz vor Kriegsausbruch, bei Alois Meier ist bereits Krieg. Der Krieg begann aber mit dem

Angriff auf Polen am 1. September 1939. Erinnerungslücken nach wenigen Jahren? Tippfehler des Protokollanten?

Aber auch Kellendorfer spricht von Erpressung: »R. drohte mir daraufhin sofort mit Erschiessung, versuchte mich mit RM 1.000.– Schweigegeld zu erpressen und zeigte mich, als dies nichts fruchtete, der Gestapo am nächsten Tage an.«

Das klingt im Zuge eines Verfahrens, in dem geprüft werden soll, ob Johann Reichhart nicht doch als »Hauptschuldiger« einzustufen sei, allzu märchenhaft. Reichhart mag vielleicht im Affekt mit Erschießen gedroht haben, aber dass er ernsthaft eine Waffe gezückt hat, ist unwahrscheinlich. Reichhart wusste, dass das eine Art von Selbstjustiz war, mit der er sein Amt als Scharfrichter sofort losgeworden wäre. Um seiner Aussage noch das richtige Gewicht zu verleihen, erklärt Alois Meier kurzerhand: »R. war überall als Denunziant bekannt und die Gestapo hat durch ihn viele Menschen angezeigt bekommen.«

Reichhart rechtfertigte sich schriftlich und versuchte, die damaligen Ereignisse in ein anderes Licht zu rücken: »Die Anzeige an die Gestapo gegen Kellendorfer machte nicht ich, sondern der Bücherrevisor Dollinger. Dollinger hat mit der Schreibmaschine die Anzeige geschrieben und er bat mich, ihm den Zeugen zu machen. Und daraufhin unterschrieb ich diese Anzeige. Vom Schweigegeld weiss ich nichts.«

Damit nicht genug. Anfang November 1939 zechte eine andere Runde kräftig. Auch hier war Reichhart mit dabei. Ein Dr. Pfister, Parteigenosse seit 1932, behauptete während des Kartenspiels, in den nächsten Tagen würde es einen politischen Umsturz und eine Militärdiktatur in Deutschland geben. Nach dem von Georg Elser verübten Bürgerbräukeller-Anschlag vom 9. November 1939 fragte Reichhart auf dem Heimweg vom Stammtisch, ob Pfister mit Umsturz diesen Anschlag gemeint habe. Der offenbar nicht auf den Mund gefallene Pfister wies Reichhart lautstark zurecht, er sei Reichhart keine Rechenschaft schuldig.

Reichhart war in einem Gewissenskonflikt und wandte sich an den ihm bekannten Polizeioberleutnant Schmidlkofer. Dieser lehnte aber eine private Behandlung des Vorfalls ab und machte sofort eine polizeiliche

Niederschrift, obwohl Reichhart ihn davon abhalten wollte. Da stünde Aussage gegen Aussage.

Dieser Vorfall ist nur bruchstückhaft überliefert. Papier ist geduldig. Vor allem hatten alle Beteiligten nach 1945 ihre eigenen Interessen zu wahren. Für Johann Reichhart sah es zu dieser Zeit nicht gut aus, es schien ausgemachte Sache zu sein, dass er als Hauptbeschuldigter für Jahre ins Gefängnis oder in ein Arbeitslager kommen würde.

Alle anderen versuchten, in der Nachkriegsordnung jeder auf seine Weise Fuß zu fassen, die Vergangenheit für sich abzuschließen und sich selbst als Opfer des nationalsozialistischen Alltags mit seinen Drangsalierungen und bekannten Verfolgungsmechanismen der neuen Ordnung anzudienen.

Reichhart war zu diesem Zeitpunkt bereits als Angehöriger einer Täterelite ausgemacht. So verwundert es nicht, mit welch raffinierter Plattheit Wilhelm Kellendorfer sich selbst reinzuwaschen versteht: »Am Stammtisch wurde auch einmal die Judenfrage kritisiert, darauf sagte R.: ›Die Juden gehören alle zerstückelt und im Tiergarten verfüttert.‹ Darauf haben wir den gesellschaftlichen Verkehr mit R. abgebrochen.« Dachte Johann Reichhart wirklich so über Juden?

Ein Mann, der gerne hilft

Die Drangsalierungen der Juden machten auch die normale Bevölkerung mobil. Keine Frage, viele schauten weg, einige wollten etwas vom großen Kuchen der Zwangsenteignungen abhaben. Es waren eben nicht nur staatliche Sanktionen, die Juden das Leben bis zur Unerträglichkeit schwermachten. Immer mehr Privatpersonen hatten längst, dank der entsprechenden Gesetzgebung, ihre Masche gefunden, jüdisches Eigentum in ihren Besitz zu bringen und sich so zu bereichern.

In allen Schichten gab es Männer und Frauen, die immer öfter ihre

Chance witterten, sich jüdisches Eigentum unter den Nagel zu reißen. Wurden schon die Plünderungen von jüdischen Geschäften seit 1933 kaum geahndet, so war es seit den Pogromen der sogenannten Reichskristallnacht noch schlimmer geworden. Das erlebte auch Johann Reichhart ganz persönlich im Herbst 1939, wie Akten beweisen. Vergilbtes Papier wird hier plötzlich lebendig und eine Geschichte aus Vernehmungen und eidesstattlichen Versicherungen wirft ein neues, eher unbekanntes Licht auf den Scharfrichter Johann Reichhart.

Mehr als sieben Jahre nach den damaligen Begebenheiten gab eine gewisse Eva Mathes, Witwe und damals wohnhaft in der Münchner Leonrodstraße 42/0, in einer eidesstattlichen Versicherung vom 20. März 1947 eine geradezu unglaubliche Geschichte zu Protokoll: »Ich bin Volljüdin, mein Mann war Arier und ist im Jahre 1938 gestorben. Ich hatte im Jahre 1939 einen Personenkraftwagen, den ich einem gewissen Herrn Wagner überlassen habe, auf dessen Namen der Wagen auch zugelassen war. Im Herbst 1939 wollte ich nun meinen Wagen von Herrn Wagner herausbekommen, damit ich ihn für mich verwerten kann. Wagner gab den Wagen aber nicht mehr heraus, ich musste sogar gerichtlich gegen ihn vorgehen.« Doch Wagner rückte den Wagen trotzdem nicht heraus. Um einer Jüdin zu ihrem Recht zu verhelfen, dürften die Mühlen der Justiz besonders langsam gemahlen haben. Es hätte wohl ein Gerichtsvollzieher aktiv werden müssen. Dazu kam es aber nicht. Stattdessen half ein Bekannter weiter.

»Ich habe dies alles dem mir bekannten Metzgermeister Hans Friess erzählt, der mir versprach, sich für mich zu verwenden. Herr Friess setzte sich dann seinerseits mit dem ihm bekannten Nachrichter Johann Reichhart in München in Verbindung, der sich auch bereit erklärte, sich für mich einzusetzen, obwohl ihm bekannt war, daß ich Volljüdin bin. Herr Reichhart hat es dann auch mit List und Schläue erreicht, daß ich wieder in den Besitz meines Kraftwagens kam.«

Aber worin bestand diese Schläue? Und wie hatte Johann Reichhart das erreicht? Am 28. November 1939 verkaufte Eva Mathes ihren DKW, »der auf den Kraftfahrzeugschein unter dem Namen Albert Wagner, Ligsalzstrasse 26/II ausgestellt ist« für 350 Reichsmark an Johann Reichhart.

Vertreten wurde Frau Mathes bei dem Verkauf durch den Rechtsanwalt Hugo Rothschild, der schon seit geraumer Zeit den Zwangsnamen »Israel« tragen musste. Er durfte sich auch nicht mehr als Rechtsanwalt bezeichnen, sondern ihm, der bereits seit 1903 in München eine Zulassung als Rechtsanwalt hatte, war es nur noch abwertend erlaubt, sich Prozessbevollmächtigter zu nennen. Vom 10. November 1938 bis zum 1. Dezember 1938 war er Insasse des Konzentrationslagers Dachau. Danach war er wieder vor Gericht tätig.

Auch darum war Albert Wagner gleich zweifach empört. Einerseits glaubte er, eine Jüdin übers Ohr hauen zu können. Andererseits dürfte er fassungslos die Tatsache wahrgenommen haben, dass diese Frau sich auch noch einen jüdischen Rechtsbeistand nahm. Er selbst engagierte einen Rechtsanwalt namens Dr. Pröpstl, der Johann Reichhart in einem Brief vom 5. Dezember 1939 erbost antwortete: »Er weise nun lediglich auf die einseitige Behauptung der Jüdin Frau Eva Mathes und deren Prozessbevollmächtigten Rothschild hin, dass der Wagen deren ›Eigentum‹ sei, insoweit über die Rechte, welche meinem Mandanten an demselben zustehen, verfügt, als Sie denselben nun von derselben einfach ›abgekauft‹ haben. Ihr Verhalten, welches Sie auf meine gegenteilige Vorstellung am Telefon meiner Person gegenüber an den Tag gelegt haben, lässt den Verdacht aufkommen, als ob Sie von Anfang an im bewusstem Zusammenwirken mit Frau Mathes den Wagen von meinem Mandanten abgemietet und sich diesen nun in vorgefasster Absicht rechtswidrig angeeignet haben.«

Am 31. Januar 1940 wurde beim Oberlandesgericht München schließlich ein Vergleich geschlossen: Der Wagen blieb im Besitz von Reichhart. Was mit dem Wagen im Weiteren passiert ist, lässt sich nicht mehr rekonstruieren. Wie Eva Mathes die Judenverfolgung und den Krieg überlebte, ist ebenfalls unbekannt. Anders sieht es mit dem Schicksal des sogenannten Prozessbevollmächtigten aus. Für Justizrat Hugo Israel Rothschild, Freund von Fritz Neuland, dem Vater der späteren Vorsitzenden der jüdischen Gemeinde Münchens, Charlotte Knobloch, dürfte dieser Fall einer seiner letzten gewesen sein.

Obwohl er bereits 1931 aus dem Judentum ausgetreten war, blieb Hugo Rothschild für die Nationalsozialisten nach den Nürnberger Rassengesetzen Volljude. Er lebte in einer sogenannten Mischehe, auch das war möglicherweise ein Grund dafür, dass er in den 1930er-Jahren offenbar relativ unbehelligt lebte. Besonders tragisch ist, dass Rothschild noch am 1. Februar 1945 erneut verhaftet und ins Konzentrationslager Dachau gebracht wurde. Was dort passierte, ist nicht bekannt. Bereits am 13. Februar 1945 starb er, rund neun Wochen bevor die US-Armee das Lager befreien konnte.

Johann Reichhart war zwar Mitglied der NSDAP, aber war er auch ein wirklich überzeugter Nationalsozialist? Nach dem Krieg sollten die Meinungen darüber weit auseinandergehen. Immerhin half er auch einem gewissen Rudolf Danzinger, geboren am 15. Juli 1896 in München, wohnhaft am Miesbacherplatz 1, der zwei Jahre nach Kriegsende 1947 im Spruchkammerverfahren gegen Johann Reichhart eine selbstgeschriebene Versicherung abgab: »Mein Sohn hat mit Reichhart seinem Sohn die Jugend zusammen verlebt und so bin ich mit der Familie Reichhart in Verbindung gekommen. Es ist für mich als Jude kein gutes Bild, wenn ich für einen Nationalsozialisten spreche. Aber wenn Reichhart für meine Familie Gutes getan hat, muss ich heute dafür einstehen.«

Johann Reichhart hatte zwei Söhne – den 1922 geborenen Heribert und den 1929 geborenen Hans. Welchen Danzinger meinte, bleibt im Unklaren. Reichhart schien zu dieser Zeit gelegentlich seine Hochfrequenzapparate vertrieben oder noch welche im Besitz gehabt zu haben. Denn Danzinger führte aus: »Ich war einmal schwer krank und habe zum Sohn von Reichhart gesagt, dass ich einen Apparat brauche. Er hat es seinem Vater ausgerichtet und Reichhart hat mir persönlich seinen Apparat gebracht. Er wollte ihn mir sogar schenken, aber ich habe es abgelehnt und habe es bezahlt.«

Aber Johann Reichhart ließ es darauf offenbar nicht beruhen: »Er hat mir mit Lebensmitteln ausgeholfen und mir Brotmarken geschenkt, denn wir Juden hatten damals sehr wenig zu essen. Auch wie ich im KZ Dachau war und Berlin, hat er sich für meine Familie eingesetzt und sich ihrer angenommen.«

Offenbar gewährte Johann Reichhart Rudolf Danzinger sogar Unterschlupf in seiner Wohnung. Später sagte Danzinger: »Ich bin verpflichtet, diesem Mann zu helfen. Es wäre eine Gemeinheit von mir, wenn ich es nicht tun würde.«

In der Tat ist diese beinahe märchenhaft anmutende Geschichte mysteriös und fast unglaubwürdig, weil lediglich diese eine einzige Versicherung von Rudolf Danzinger erhalten geblieben ist. Festzuhalten bleibt, dass es nach dem Zweiten Weltkrieg nicht gerade selten der Fall war, dass Verfolgte des nationalsozialistischen Regimes für als »Mitläufer« eingestufte Nationalsozialisten Versicherungen dieser Art abgaben. Sie hofften damit darauf, dass das ihre Startbedingungen in der Nachkriegsordnung des neuen Westdeutschlands erleichtern würde.

Ein Unbekannter, einer von vielen

Johann Reichhart war Ende der 1930er-Jahre ein bereits vielbeschäftigter Scharfrichter. Die Namen jener, deren Todesstrafe er vollstreckt hat, tauchen heute fast ausschließlich in sorgsam archivierten Abrechnungslisten auf. Warum sie zum Tod verurteilt wurden, liegt oftmals im Dunkeln. Das betrifft gerade diejenigen Todesurteile, die noch vor Ausbruch des Zweiten Weltkriegs vollstreckt wurden. Denn auch die Abrechnungslisten haben sich nicht zur Gänze erhalten.

Dennoch finden sich auch Namen, hinter denen viele makabre Geschichten stecken. Da ist zum Beispiel Jakob Hübler, der am 9. Mai 1939 enthauptet wurde. Am Tag darauf war unter der Überschrift *Mordanschlag auf Polizisten gesühnt* in der Presse kurz und knapp zu lesen: »Am 9. Mai 1939 ist der am 13. Dezember 1901 in Kolbermoor geborene Jakob Hübler hingerichtet worden, der durch Urteil des Sondergerichts in München vom 20. März 1939 zum Tode und zum dauernden Verlust der bürgerlichen Ehrenrechte verurteilt worden ist. Hübler, ein vielfach vorbestrafter Gewohnheitsverbrecher, hat am 21. August 1938 in München einen im

Dienst befindlichen Polizeibeamten durch mehrere Pistolen Schüsse zu töten gesucht.«

Hinrichtung einer Leiche?

Die Todesstrafe war vor allem ein staatlicher Sühne- und Racheakt, dem niemand zuvorkommen durfte. Es wurde peinlich genau darauf geachtet, dass der Delinquent keine Möglichkeit hatte, sich das Leben zu nehmen. Es oblag dem Gefängnisarzt, sicher festzustellen, ob der zum Tod Verurteilte an lebensverkürzenden Krankheiten litt. Das Todesurteil sollte auf jeden Fall vollstreckt werden. Das galt auch für den bereits im Endstadium an Leberkrebs erkrankten Kindermörder Johann Strössenreuther, der am 7. Juni 1939 hingerichtet wurde.

Allerdings war Johann Reichhart am Tag zuvor gerade in Dresden, um einen Doppelmörder zu enthaupten. Dort erreichte ihn ein Telegramm aus München, in dem der Oberstaatsanwalt mitteilte: »Vollstreckung in Dresden zurückstellen. Erwarte sie noch heute Nacht in München-Stadelheim.« Nach Ansicht des Gefängnisarztes hatte Strössenreuther, ein gefürchteter Psychopath, der über Jahre ein Doppelleben geführt hatte, nur noch wenige Stunden zu leben. Es galt also, die Hinrichtung so schnell wie möglich durchzuführen. Doch als der Verurteilte zum Schafott geführt wurde, brach er bewusstlos zusammen. Der anwesende Arzt stellte fest, dass Strössenreuther bereits ins sogenannte Leberkoma gefallen war – eine schwere Bewusstseinsstörung in Form eines Komas, das auftritt, nachdem die Leber nicht mehr verhindern kann, dass Giftstoffe ins Gehirn gelangen. Als er geköpft wurde, ist ungeklärt, ob er zu diesem Zeitpunkt bereits klinisch tot war oder eben noch im Koma lag. An diesem Tag vollstreckte Johann Reichhart noch zwei weitere Todesurteile in Stadelheim.

Amboss-Gefühle oder Die Bestie von Aubing

Neben Johann Strössenreuther richtete Johann Reichhart 1939 einen weiteren, zu seiner Zeit sehr bekannten Mörder hin. Es war der 33-jährige Johann Eichhorn. Aufgewachsen war das älteste von acht Kindern von Tagelöhnern in Aubing. Johann Eichhorn hatte wie Johann Reichhart die Volksschule besucht und danach sogar eine Lehre als Schlosser erfolgreich absolviert. Er war ein smarter Bursche, galt als hilfsbereit, zuverlässig, als einer, der aufsteigen wollte. Und das gelang ihm auch, denn er erhielt eine Anstellung als Rangierer bei der Deutschen Reichsbahn.

Doch was keiner wusste, Eichhorn allerdings spürte: Das Leben des Rangierers hatte die falsche Weiche genommen und war dabei zu entgleisen. Denn sexuelle Lust empfand er nur, wenn sie mit Gewalt gepaart war. Es kam nie heraus, ob seine beiden ersten Vergewaltigungsopfer tatsächlich seine Schwestern waren. Offenbar schwiegen sie und vertrauten sich niemandem an. Er selbst empfand sich als ein »wildes Tier«. Wenn es dunkel wurde, begannen für ihn die kribbelnden, heißen Stunden des Tages. Er lauerte Radfahrerinnen auf, zerrte sie unerkannt in ein Gebüsch oder ins Unterholz und vergewaltigte sie. Er kannte keine Gnade. Auf dem Oktoberfest 1931 lernte er Katharina Schätzl kennen. Die Tochter eines Maurers war gerade einmal 16 Jahre alt. Während einer Fahrradtour zerrte er sie vom Rad und vergewaltigte sie. Anschließend erwürgte er sie und warf ihre mit Steinen beschwerte Leiche in die Isar.

Das war sein erstes Mal. Der mit ungeheurer Brutalität gepaarte Frauenhass Eichhorns kannte keine Grenzen. Er vergewaltigte Frauen reihenweise. Drei Jahre nach dem Mord an Katharina Schätzl versuchte er wieder eine junge Frau, Anna Geltl, die gerade erst geheiratet hatte, zu vergewaltigen, doch sie wehrte sich. Johann Eichhorn machte daraufhin kurzen Prozess und schoss ihr in den Hinterkopf. Mit einem Fleischermesser trennte er ihre verschiedenen Körperteile ab. Schon wenige Monate später schoss er einer weiteren jungen Frau, Berta Sauerbeck, hinterrücks in den Kopf. Die Schwerverletzte legte er in einer Müllgrube ab, wo sie qualvoll starb.

Eichhorn versuchte, seine dunklen Triebe in den Griff zu bekommen. Er fürchtete sich, seine Mordlust nicht zügeln zu können. Die Polizei war ihm jedoch nicht auf den Fersen. Die Vergewaltigungen nahmen kein Ende – auch nicht, als er 1935 Josefa heiratete, die seine Gewaltfantasien offenbar verstehen konnte. Sie liebte sie sogar. Diese trügerische Stabilität gab ihm kurzfristig Sicherheit. Vor allem, als Eichhorn in der Folgezeit Vater zweier Kinder wurde. Tatsächlich brachte er fürs Erste niemanden mehr um.

Doch sein perfides Tötungsmuster, das er krampfhaft zu unterdrücken versuchte, kam wieder zum Vorschein, als er im Sommer 1937 die junge Rosa Eglein umbrachte. Wieder schoss er seinem Opfer in den Kopf, um es danach mit einem Fleischermesser zu verstümmeln. Im Herbst 1938 brachte er auf die gleiche bestialische Weise die 23-jährige Maria Jörg um. Doch als er im Januar 1939 ein Mädchen von zwölf Jahren vergewaltigen wollte, wurde er von Passanten überwältigt. In der Untersuchungshaft gab er nach vielen Vernehmungen die fünf Morde und mehr als 90 Vergewaltigungen zu. War Eichhorn ein Psychopath? *Die Bestie von Aubing*, wie in der Tagespresse zu lesen war? Ein Gerichtspsychiater urteilte über ihn: Eichhorn sei ein »intellektuell nicht unterdurchschnittlich beanlagter Mann, doch handele es sich bei ihm um einen ethisch und moralisch tiefstehenden, haltlosen, willensschwachen, sexuell aussergewöhnlich triebhaften« Psychopathen.

Hätte derselbe Gerichtspsychiater eigentlich den Mann, der Johann Eichhorn am 1. Dezember 1939 köpfte, tatsächlich anders beurteilt? Hätte er in ihm nicht einen ebenfalls »intellektuell nicht unterdurchschnittlich beanlagten« Mann voller seelischer Deformationen erkennen müssen, der mit einer recht einfachen Handbewegung einem anderen Mann mit offenbar noch viel stärkeren, seelischen Deformationen das Leben nahm, weil es einfach sein Auftrag war? Trafen hier zwei Männer für nicht einmal ein paar Minuten aufeinander, weil sie beide unter Psychopathien litten? Johann Reichhart konnte offenbar durch sie überhaupt seinen Beruf ausführen, Johann Eichhorn wurde durch sie zu einem Fall, der erst mit der Vollendung von Reichharts Tätigkeit zu den Akten gelegt werden konnte.

Roemer und Reichhart

Als Scharfrichter fühlte sich Johann Reichhart als Teil eines komplexen Ordnungssystems, in dem er ein Ausführender war. Es beruhigte ihn, keine Urteile sprechen, sondern nur vollstrecken zu müssen. Das war für ihn gerade mit Beginn des Kriegs wichtig, als er beinahe täglich bis zu 20 Menschen enthaupten musste. Er empfing die Befehle und Anweisungen zur Hinrichtung von einem Strafvollstreckungsstaatsanwalt. In Stadelheim traf Johann Reichhart dabei auf einen Karrieristen, der mit Ende 30 noch eine Menge vor sich hatte: »Etwa ab 1940 war ständiger Strafvollstreckungsstaatsanwalt Dr. R ö m e r. Bei Vollstreckungen im Zuständigkeitsbereich der Staatsanwaltschaften beim Landgericht München-Stadt und München-Land hatte ich immer mit Dr. R ö m e r zu tun.«

Wer war dieser Walter Roemer? Geboren 1902 war er nicht ganz zehn Jahre jünger als Johann Reichhart. Am Ersten Weltkrieg hatte er nicht mehr teilgenommen, sondern er gehörte zu jener verlorenen Generation, die bedauerte, nicht dabei gewesen zu sein. Diese Generation wuchs in dem Trauma auf, als Jugendliche unmittelbare Zeugen des Untergangs des Deutschen Kaiserreiches gewesen zu sein.

Nach seinem Abitur in Aschaffenburg studierte Walter Roemer Rechtswissenschaften, darunter unter anderem von 1922 bis 1925 am Hort intellektuell geprägter Rechtsradikaler, der Münchner Ludwig-Maximilians-Universität. Die Bürde der verspäteten Geburt lastete auf ihm genauso wie auf allen anderen, die um 1900 geboren worden waren.

Für sie alle wurde dieser Umstand gewissermaßen eine biografische Absichtserklärung, einer inneren Berufung nachzugeben, die Auswirkungen des Versailler Vertrags und die damit verbundene Demütigung Deutschlands nachhaltig zu revidieren. Einige von ihnen gehörten bereits frühzeitig zur ersten Garde des Nationalsozialismus, wie Heinrich Himmler oder Martin Bormann. Walter Roemer war dennoch etwas anders. Er trat nie der NSDAP bei, fiel auch nicht in NS-Organisationen auf. Dennoch vertrat er die juristische Seite des NS-Staates an maßgeblicher, an wahrlich todbringender Stelle.

Roemer war als Erster Staatsanwalt damit auch als Leiter der Vollstreckungsabteilung des Münchner Landgerichts tätig. Damit war er verantwortlich für die Umsetzung der Todesurteile gegen bayerische Delinquenten, die vom Volksgerichtshof oder von Sondergerichten gefällt wurden. Ohne ihn ging nichts: »Dr. Römer war immer in einem bestimmten Büroraum im Gefängnis Stadelheim anzutreffen, ein eigenes Zimmer hatte er dort nicht. Die Meldung, daß die Maschine zur Vollstreckung in Ordnung ist, habe ich persönlich dem Staatsanwalt gemacht. Nach dieser Meldung ging der Staatsanwalt zusammen mit mir in die Vollstreckungshalle. Ich berichtige dahin, daß ich ihm zumeist vorausgegangen bin. Bevor der Staatsanwalt aus seinem Zimmer gegangen ist, hat er noch die Gefängnisverwaltung beauftragt, den Delinquenten durch zwei Aufseher in der Zelle fesseln zu lassen und in den Hinrichtungsraum führen zu lassen.«

Roemer und Reichhart wurden tatsächlich ein eingespieltes Vollstreckungsteam. Es ist sicher nicht falsch, wenn man sagt, dass die Hunderte von Hinrichtungen, die der eine veranlasste und der andere rein technisch organisierte und durchführte, ohne einander in dieser Art nicht möglich gewesen wären. Die beiden arbeiteten effektiv zusammen. Als Jurist war Walter Roemer ein gewiefter Organisator und gelassener Taktiker. Er verurteilte nicht einmal. Er sorgte für die ordnungsgemäße Durchführung der Todesstrafe und war zusammen mit Johann Reichhart für die saubere, exakte und schnelle Exekution verantwortlich. Wie Johann Reichhart war er ein Rädchen im großen Getriebe des infamen Willkürapparates.

Ohne diese ausführenden Männer, die nicht einmal annähernd Ansätze erkennen ließen, zu hinterfragen, was sie taten, und davon überzeugt waren, an der ihnen zugewiesenen Stelle ausschließlich ihrer Pflicht Genüge zu tun, hätte der Motor längst nicht so laufen können, wie er lief. Und er lief wie geschmiert.

Der alerte Strafvollstreckungsstaatsanwalt Walter Roemer konnte sich auf Johann Reichhart verlassen. Dabei war Walter Roemer nicht einmal »Parteisoldat«, als welchen sich Roland Freisler (1893–1945), Präsident des Volksgerichtshofs, selbst bezeichnete. Aber ob tatsächlich »die Liebe zum Führer heute ein Rechtsbegriff ist«, wie Hans Frank, seit Oktober 1933

Reichskommissar für die Gleichschaltung der Justiz und nach 1939 zusätzlich Generalgouverneur des besetzten Polen, in einer Rede formulierte, auch in das Rechtsverständnis des Walter Roemer passte, ist zumindest fraglich.

Roemers Rechtsverständnis war das Rechtsverständnis des Staates, dem er treu ergeben war. Diese Treue zeigte er mit seiner Arbeit als williger Strafvollstreckungsstaatsanwalt. Ob dieser der NS-Staat oder später die Bundesrepublik Deutschland war, spielte dabei beinahe keine Rolle. Reichhart glaubte an Gott und an eine höhere Macht, Roemer war Teil einer höheren Macht, die erschreckend irdisch und banal war.

Die sieben Vollstrecker des »Dritten Reichs«

Auch die anderen Scharfrichter des NS-Staats richteten nur auf Anweisung eines Strafvollstreckungsstaatsanwalts hin. Es waren sieben Hauptscharfrichter an der Zahl, auf deren Schultern die Durchführung der Todesstrafe ruhte. Sie arbeiteten in insgesamt zehn Vollstreckungsbezirken, von denen mehrere von einem Scharfrichter betreut wurden. In diesen Vollstreckungsbezirken gab es zentrale Hinrichtungsstätten. So kam es auch vor, dass Johann Reichhart kurzfristig nach Berlin-Plötzensee beordert wurde, weil die dortigen Henker keine Zeit hatten.

Man kann davon ausgehen, dass sich die sieben Hauptscharfrichter untereinander kannten, obwohl sie zu einer vollständigen Verschwiegenheit verpflichtet waren. Darum ist es aber auch nicht verwunderlich, dass neben Johann Reichhart nur ausreichend Informationen über dessen ehemaligen Assistenten Alois Weiß, den Henker von Prag, sowie Ernst Reindel (1899–1946) und Friedrich Hehr (1879–1952) bekannt sind. Wie Johann Reichhart richtete auch Hehr nach dem Krieg noch für die Alliierten hin, und zwar unter anderem Willi Herold (1925–1946), den sogenannten Henker vom Emsland.

Herold, einfacher Soldat, der es gerade einmal bis zum Gefreiten gebracht hatte, fand Anfang April 1945 eine Offizierskiste, in der die Uniform eines Hauptmanns der Luftwaffe lag. Er gab sich nun als Hauptmann aus, sammelte rund ein Dutzend versprengter Soldaten, die als Gruppe in das Strafgefangenenlager Aschendorfermoor einmarschierte, in dem es zuvor mehrere Fluchtversuche von Häftlingen gegeben hatte. In den folgenden acht Tagen erschoss die Gruppe um Herold über 100 Lagerinsassen. In den Wirren der letzten Kriegstage ging jedoch seine Schreckensherrschaft weiter: Ein ostfriesischer Bauer, der bereits die weiße Flagge gehisst hatte, wurde kurzerhand von ihm aufgehängt. In einem zehnminütigen Schauprozess, den er selbst führte, verurteilte er fünf Niederländer zum Tod und ließ sie augenblicklich erschießen.

Ernst Reindel war wie Johann Reichhart letzter Spross einer Abdecker- und Scharfrichterdynastie. Im Herbst 1933 trat er seinen Dienst an und vollstreckte in seiner Laufbahn zwischen 600 bis 700 Hinrichtungen. Ab Februar 1943 köpfte er nicht nur, sondern hängte auch. Er war der einzige Henker, der in dieser Zeit hin und wieder sogar noch mit dem Handbeil hinrichtete – vor allem wegen Plünderei zum Tod Verurteilte im Zuchthaus Bützow-Dreibergen. Reindel war der einzig bekannte Scharfrichter, der seinen Vertrag kündigte. Diese Kündigung wurde übrigens anstandslos entgegengenommen und vollzogen. Zum 1. Dezember 1943 gab Ernst Reindel sein Scharfrichteramt auf. Das ist insofern von großer Bedeutung, da Johann Reichhart selbst immer wieder betont hat, er habe nur seine Pflicht getan und hätte keine Möglichkeit gehabt, sich dieser Pflicht zu entledigen. Warum Reindel tatsächlich kündigte, ist rückwirkend schwer auszumachen. Er selbst gab steuerliche Gründe an, da die Nachbesteuerung seiner Henkertätigkeit sich angeblich nicht mehr auszahlte. Ein weiterer Punkt war für ihn, dass er sich kaum noch um seine Abdeckerei kümmern konnte, da die eigentlich als Nebentätigkeit gedachte Hinrichtungsarbeit zu viel Zeit beanspruchte. Ob das alles wirklich stimmt, ist zweifelhaft. Sicher ist, dass Reindel die Hinrichtungsmethode Erhängen grauenhaft fand. Seine Kündigung sollte ihm nichts nützen, denn für die Rote Armee galt Reindel als Kriegsverbrecher und er wurde durch ein sowjetisches Militärtribunal am 17. Juni 1945 zum Tod verurteilt. Man brachte ihn nach dem Urteilsspruch nach Brest in Weißrussland, wo er vermutlich Monate später erschossen wurde.

Über die weiteren Scharfrichter Karl Henschke, August Köster und Gottlob Bordt ist nichts bekannt. Einzig, dass Wilhelm Röttger Bordts Nachfolger wurde. Röttger hinterließ der Nachwelt seine greifbaren Spuren. Der gelernte Schlosser war von 1942 bis 1945 in der *Zentralen Hinrichtungsstätte für den Vollstreckungsbezirk IV* mit den Standorten Plötzensee und Brandenburg-Görden als Henker tätig. Er richtete vor allem Widerstandskämpfer hin, darunter auch einige aus dem Kreis der Hitler-Attentäter vom 20. Juli 1944. Sie wurden zu jeweils acht an Klaviersaiten erhängt, die an einem Stahlträger befestigt waren. Die Guillotine war bei einem alliierten Bombenangriff im Sommer 1943 zerstört worden.

Röttger war vorher schon an den sogenannten Plötzenseer Blutnächten federführend beteiligt gewesen, in denen 250 Strafgefangene vom 7. bis zum 12. September 1943 gehängt wurden. Die kurzfristige Aktion wurde direkt vom Staatssekretär im Reichsjustizministerium Curt Rothenberger (1896–1959) angeordnet, um nach einem Bombenangriff, bei dem der Gefängnistrakt erheblich zerstört wurde, »Platz zu schaffen«. 250 Todesurteile wurden sofort vollstreckt – dafür brauchte man ganze fünf Nächte.

In seinem Buch *Die letzten Stunden* erinnerte sich 1949 der anwesende Gefängnispfarrer Harald Poelchau (1903–1972): »Mit Einbruch der Dunkelheit am 7. September begann der Massenmord. Die Nacht war kalt. Ab und zu wurde die Dunkelheit durch Bombeneinschläge erhellt. Die Strahlen der Scheinwerfer tanzten über den Himmel. Die Männer waren in mehreren Gliedern hintereinander angetreten. Sie standen da, zunächst ungewiß, was mit ihnen geschehen sollte. Dann begriffen sie. Immer je acht Mann wurden namentlich aufgerufen und abgeführt. Die Zurückbleibenden verharrten fast bewegungslos. Nur hin und wieder ein Flüstern mit mir und mit meinem katholischen Amtsbruder Peter Buchholz.

Einmal unterbrachen die Henker ihre Arbeit, weil Bomben in der Nähe krachend niedersausten. Die schon angetretenen fünf mal acht Mann mußten für eine Weile wieder in ihre Zellen eingeschlossen werden. Dann ging das Morden weiter. Alle diese Männer wurden gehängt. [...] Die Hinrichtungen mußten bei Kerzenlicht durchgeführt werden, da das elektrische Licht ausgesetzt hatte. Erst in der Morgenfrühe, um acht Uhr, stellten die erschöpften Henker ihre Tätigkeit ein, um sie am Abend mit frischen Kräften aufnehmen zu können.«

Durch eine Kommunikationspanne wurden auch sechs Häftlinge gehängt, die gar nicht zum Tod verurteilt worden waren. Wilhelm Röttger war eigentlich »ein besserer Herr« mit Witz und tadellosen Umgangsformen, galt als »wohlhabend« und wohnte in Moabit, in der für diesen Stadtteil durchaus herrschaftlichen Waldstraße, wie Pfarrer Harald Poelchau in seinen Erinnerungen festhielt.

Ogorzow – Mann aus dem Dunkel

Der Bombenkrieg stellte Johann Reichhart vor immer neue Herausforderungen. Durch drohende Angriffe von anfliegenden Bombergeschwadern war es oft fraglich, ob er die anberaumten Hinrichtungstermine halten konnte. Doch die ordnungsgemäße Verdunkelung, die seit 1939 im Deutschen Reich verhindern sollte, dass die nur nach Sicht fliegenden Piloten und Navigatoren ihre Ziele fanden, war eine Garantie dafür, dass oft auch Verbrechen sprichwörtlich unentdeckt im Dunkeln stattfinden konnten – auch ohne Bombenangriff. Diebstähle wurden schwer geahndet.

Aber auch Vergewaltigungen und sexuelle Übergriffe wurden oft verschwiegen – ein ideales Biotop für einen Mann wie den Hilfsweichenwärter Paul Ogorzow, den Johann Reichhart in Vertretung für seinen Berliner Scharfrichterkollegen Wilhelm Röttger am 25. Juli 1941 enthauptete. Ogorzow war klein und untersetzt, aber ein freundlicher Mann, der in seiner Reichsbahnuniform Vertrauen erweckte.

Offiziell galt er als liebender Vater und Ehemann, bei seinen Vorgesetzten als pflichtbewusst und ordentlich. Seine Nachbarin Ingeborg Heidenreich gab 60 Jahre später zu: »Ich wär' auch mit ihm mitgegangen […] – ohne Weiteres. Ich habe ihn wahrgenommen als ganz normalen Bürger, als

Familienvater mit zwei Kindern, sehr nett und lieb zu seiner Familie.« Er fiel nicht einmal auf, als Fahndungsplakate aufgehängt wurden, wie sich Ingeborg Heidenreich erinnert: »Und dann weiß ich noch eine Geschichte, dass eben mein Vater das Plakat angemacht hat und er stand neben ihm und da sagte mein Vater so: ›Da macht man 'n Plakat an und dann wohnt er hier vielleicht‹, dass er dann sagt: ›Können'se recht haben.‹«

Niemand ahnte, dass er der S-Bahn-Mörder war, der seit 1940, also rund ein Dreivierteljahr zuvor, als »Tier von Rummelsburg« insgesamt acht Frauen ermordete. Sie waren im Alter von 20 bis 36 Jahren. Diesen Morden gingen allein sechs Mordversuche und etwa 20 Fälle von versuchter oder vollendeter Vergewaltigung voraus. Es war immer die gleiche Masche: Der mit rund 1,65 Metern Körpergröße relativ kleine Ogorzow kam wie aus dem Nichts aus der Dunkelheit. Die Frauen hatten nicht bemerkt, dass sie oft schon länger von ihm beobachtet worden waren.

Er schlug seine Opfer mit einem schweren Bleikabel nieder, vergewaltigte sie, erschlug sie und warf sie dann aus dem fahrenden S-Bahn-Zug. Drei der Opfer ermordete er in einer Laubenkolonie, nahe der Bahntrasse, die in östlicher Richtung aus Berlin führte. Das erste Opfer war die erst 20-jährige Gerda Ditter, die er am 4. Oktober 1940 in einer Laubenkolonie bestialisch umbrachte. Er fesselte sie, brach ihr das Zungenbein, stach auf sie ein und vergewaltigte sie.

Zwei der Opfer überlebten die Attacke. Sie konnten erste Hinweise liefern. Aber eine öffentliche Fahndung durfte nicht stattfinden. Die beiden Frauen erinnerten sich an eine Uniform. Die Kriminalpolizei unter Reichskriminaldirektor Arthur Nebe (1894–1945) führte den überlebenden Opfern verschiedene Uniformen in einem abgedunkelten S-Bahn-Waggon vor. In den Waggons brannte oft nur das schummrige Notlicht. Man sah nur die Silhouetten und Umrisse der Menschen. Nach dieser Vorführung wurde klar: Es musste ein Bahnbediensteter sein. Man verglich die Dienstpläne mit den Zeiträumen der Taten. Man war sich sicher, es konnte nur Paul Ogorzow sein. Ein Arbeitskollege zeichnete ein anderes Bild von Ogorzow: Er habe seine Arbeit nur widerwillig gemacht, sich immer wieder während der Dienstzeit herumgetrieben, seine Aggressivität sei immer spürbar gewesen. Später gab auch seine Ehefrau zu, Ogorzow habe sexuelle

Gewaltfantasien gehabt, die er, wie sie gegenüber der Polizei dann zugab, weniger mit ihr als viel mehr an ihr auslebte.

Die Verhandlung von Paul Ogorzow wurde von einem Sondergericht durchgeführt. Ogorzow wusste, dass er ein Todgeweihter war und der Prozess, der nur einen Tag dauerte, im Grunde nur eine reine Formsache war. Dennoch versuchte er dem Urteil zu entgehen, indem er in einem schriftlichen Geständnis behauptete, dass er die Morde nur aufgrund einer Geschlechtskrankheit begangen habe, die von einem jüdischen Arzt offenbar falsch behandelt worden sei. Wörtlich schrieb er: »Die Straftaten, die ich begangen habe und auch zu Protokoll gegeben habe, sind alle in dieser unausgeheilten Krankheit zu suchen. Ich erkenne dies reuevoll an, dass ich es nicht tun durfte. Aber es ist da in mir ein Trieb entstanden und bei der Tat eine plötzliche Umnachtung wegen der nicht ausgeheilten Krankheit entstanden. Ich bitte um die Unterbringung in eine Nervenheilanstalt.«

Auch seine Mitgliedschaft in der NSDAP und der SA konnte er nicht in die Waagschale werfen. Bereits am Folgetag wurde er von Johann Reichhart in Berlin-Plötzensee enthauptet. Doch ein anderer wurde fast vier Jahre später hingerichtet – allerdings durch Erhängen und nicht von Johann Reichhart: Arthur Nebe, unter dessen Ägide der Fall aufgeklärt worden war, hatte als SS-Gruppenführer einen Generalsrang inne und war als solcher verantwortlich für Massenmorde an weißrussischen Juden, Sinti und Roma, Behinderten und sogar englischen und amerikanischen Kriegsgefangenen. Gleichzeitig hatte er aber auch Verbindungen zu Verschwörern des 20. Juli. Er tauchte unter, wurde aber von seiner Freundin verraten, der man die Todesstrafe androhte. Der Fall Ogorzow wurde bereits 1944 das erste Mal in einem Roman mit dem reißerischen Titel *Der Tod fuhr im Zug* verarbeitet. Der Autor war Wilhelm Ihde, der ihn unter dem Pseudonym Axel Alt veröffentlichte. Der schillernde Autor von Kriminalromanen war in der Zeit des »Dritten Reichs« nicht nur Geschäftsführer der Reichsschrifttumskammer – er war auch SS-Offizier. Nach 1945 schrieb er Jugendromane und Sachbücher.

Eine neue Liebe, doch kein neues Leben

Charme und gute Umgangsformen hatte auch Johann Reichhart. Sein Leben war seit 1938 immer mehr von Hinrichtungen und den damit verbundenen Belastungen bestimmt. Zwei Jahre nach Kriegsbeginn war seine Ehe endgültig am Ende. »Im Jahr 1941 hatte ich Differenzen mit meiner Frau und habe mir dann in der Rochusstraße ein Zimmer nehmen wollen«, gab er sechs Jahre später zu Protokoll.

Und er kam mit dem Staat in Konflikt, für den er enthauptete, wie er bei seinem Entnazifizierungsverfahren 1947/48 einräumen musste: »Die Pensionsinhaberin zeigte mich aber bei der Gestapo an, weil sie glaubte, dass ich geheime Sitzungen und dergleichen habe. Ich wurde dann von der Gestapo überwacht (Zeuge Herr und Frau Brehm, früher Landwehrstraße 68, jetzt vermutlich Berg am Laim). Herr Staatsanwalt Römer ließ mich vorladen und hielt mir dies vor.«

Aber Roemer wusste, was er an ihm hatte. Und diese geheimen Sitzungen waren wohl nichts anderes als das geheimnisvolle Stelldichein mit seiner Geliebten. Es war die 18 Jahre jüngere Kontoristin Elsa, die sich von ihrem Lohengrin in der Pension empfangen ließ. Wahre Romantik sieht anders aus. Doch Elsa Wagner und Johann Reichhart hatten größere Pläne. Immerhin kannten die beiden sich schon seit sieben Jahren, wie sie später freimütig einräumte: »Ich kenne Herrn Reichhart durch meinen Bruder, der mit ihm zusammen in Holland war, seit 1934. [...] Geschäftlich hatten die beiden in Holland nichts miteinander zu tun. Mein Bruder vertrieb Lederwaren, während Herr Reichhart Heilapparate verkaufte.«

Elsa nahm ihn so, wie er war, und war damit vermutlich das genaue Gegenteil zu seiner Ehefrau. Während er Hunderten von Menschen das Leben nahm, blühte seine Liebe auf und er zeugte sogar neues Leben: Seine Tochter Christine Elsa Wagner wurde am 21. Juli 1944 unehelich geboren.

Die Geschäfte eines Akkordarbeiters

Für Johann Reichhart war Elsa Wagner weit mehr als eine Geliebte. Sie bedeutete ihm echtes Glück. Und vor allem, sie hinterfragte seine Tätigkeit wohl kaum, wie sie am 5. August 1947 zu Protokoll gab: »Über seine berufliche Tätigkeit hat Reichhart niemals mit mir gesprochen.« Sie wollte ihn offenbar nicht belasten, denn Reichhart war ausgebrannt. Immer auf Achse, ein Reisender in Sachen Enthauptung, stand er oft unter massivem Zeitdruck. Pünktlichkeit und die saubere Vollstreckung standen im Vordergrund seiner Arbeit. Das erwartete man von ihm. Da war es für ihn schon nervenaufreibend, wenn sein Opel Blitz, mit dem er die Guillotine transportierte, nicht so wollte, wie er es gern gehabt hätte. Oder er benutzte, wenn er zu Hinrichtungsstätten fahren musste, in denen bereits eine Fallschwertmaschine vorhanden war, einen Fiat Ardita-Sport oder einen Opel Super 6.

Aufgrund der Bombenangriffe konnte Pünktlichkeit oft nicht gewährleistet werden, aber es machte sich auch immer mehr die Rohstoffknappheit bemerkbar. Zwar stellte die Justiz ihm Fahrkarten für Schnellzüge zur Verfügung, aber keine Sitzplatzkarten. Wenn es ging, nutzte Reichhart daher das Auto. Aber selbst da konnte es Pannen geben, wie 1941 vor der Fahrt nach Köln. Aufgrund eines Motorschadens kam Reichhart nicht wie vereinbart vor 19 Uhr, sondern erst um 20.25 Uhr im Kölner Gefängnis an. Seine Verspätung wurde protokolliert: »Reichhart gibt zu der Verspätung an, er habe nicht wie sonst seinen Kraftwagen, der einen Motorschaden gehabt habe, zu der Fahrt nach Köln benutzen können, er sei daher auf die Benutzung des Schnellzuges angewiesen gewesen, der fahrplanmäßig um 19.56 Uhr in Köln eintreffen sollte. Er habe eine Verspätung von etwa 15 Minuten gehabt. Er habe den Oberstaatsanwalt in München von der durch die Benutzung des Schnellzuges bedingten verspäteten Ankunft in Köln in Kenntnis gesetzt und ihn gebeten, darüber nach hier Nachricht zu geben. Eine entsprechende Nachricht ist hier aber nicht eingegangen.«

Wenn es um Hinrichtungen außerhalb von München ging, musste Reichhart zwischen 250 und 800 Kilometer zurücklegen. Reichhart bat sogar darum, dass die allgemeinen Verkehrsregeln für ihn etwas großzügiger gehandhabt werden: Um weite Strecken zurücklegen zu können, »verwende ich meinen eigenen Personenkraftwagen, in dem auch jeweils die drei Scharfrichtergehilfen befördert werden. Wenn ein Hinrichtungsauftrag erteilt wird und ein auswärtiger Herr Oberstaatsanwalt mich zu einer Hinrichtung anfordert, so muss ich mich sofort an den Vollstreckungsort begeben. Hierfür steht mir in der Regel nur die Zeitspanne von einem Tag, oftmals sogar nur ein geringerer Zeitraum zur Verfügung. Es ist daher des öfteren die Einhaltung der vorgeschriebenen höchstzulässigen Geschwindigkeit nicht möglich.

Da ich aber auf keinen Fall zu spät kommen darf, weil dadurch sehr große Schwierigkeiten der Durchführung der auf eine bestimmte Stunde angesetzten Hinrichtung entstehen würden, bitte ich mich allgemein zu ermächtigen, dass ich außerhalb geschlossener Ortschaften und auf der Reichsautobahn Höchstgeschwindigkeit von 100 km in der Stunde fahren darf. Bei meinen Einzelfahrten (wöchentlich durchschnittlich 3 Fernfahrten) muss ich oft 10–14 Stunden durchfahren, ohne eine größere Pause einlegen zu können. Das bedeutet für mich, daß ich im Winter notgedrungen jeweils mehrere Stunden in der Dunkelheit fahren muss. Wenn ich mein Fahrzeug nun zu abgeblendet fahren muss, wie dies allgemein vorgeschrieben ist, dann ergeben sich hieraus für mich sehr erhebliche Schwierigkeiten. Das Fahren selbst stellt an mich ganz besondere Anforderungen körperlicher und geistiger Art. Da ich aber in jedem Fall unbedingt rechtzeitig eintreffen muss und daher auch in der Dunkelheit so schnell wie möglich vor zu fahren habe, ist die Gefahr eines Unfalls für mich und meine Mitfahrer von Fall zu Fall besonders gegeben. Diese, mir entgegenstehende Schwierigkeit könnte dadurch abgeholfen werden, dass mich hinsichtlich der Verdunklung meiner Fahrzeugbeleuchtung Befreiung von den Bestimmungen zum Luftschutzgesetz über die Kraftfahrzeug-Scheinwerfer gewährt wird. Ich bin darauf angewiesen, daß ich seit vielen Jahren Scharfrichter bin und in dieser Tätigkeit bereits über 350.000 km mit dem Kraftwagen zurückgelegt habe.«

Ab Februar 1943 richtete Johann Reichhart sogar in Brandenburg-Görden und in Berlin-Plötzensee hin. Dafür bestand aber nun die Gefahr, dass er nicht mehr in Wien enthaupten durfte. Doch Reichhart wehrte sich: »Nachdem mir der Bezirk Wien vom Reichsjustizministerium zugesprochen wurde und ich auch meinen Dienst genauestens eingehalten und erfüllt habe, ersuche ich, nachdem ich letztere Zeit, seit Graz selbst vollstreckt, fast nicht mehr nach Wien bestellt werde, ob mir der Wiener Bezirk bleibt.«

Er pochte auf seine Verdienste, um mit seinem Gesuch Gehör zu finden: »Ich bin bereits seit 20 Jahren als Scharfrichter tätig, durch Empfehlung meines Onkels als Vorgänger, der ca. 40 Jahre tätig war; ich habe klein und mit wenig Einkommen angefangen: meine Existenz als Gastwirt und Fuhrunternehmer musste ich in der damaligen Zeit von 1924 einstellen und ging, um mir ein Einkommen zu erwerben in das Ausland, trotzdem habe ich meinen Dienst von Holland aus versehen, obwohl vom Verdienst nichts blieb. 1933 kam ich wiederum nach Deutschland zurück; meinen Dienst als Scharfrichter habe ich bis heute, glaube ich mit großer Gewissenhaftigkeit und ganz nüchtern ausgeführt. […] Meine Strecken München-Köln-Berlin-Brandenburg- Dresden-Breslau-Wien, damals alles noch per Auto allein gefahren, habe ich nicht geklagt. Auch habe ich den Bezirk Wien von Anfang an äußerst genau und pünktlich ausgeführt und habe noch nie geklagt, dass mir mein Dienst bis heute zu überlastet sei. Deshalb bitte ich, mir den Bezirk Wien mit Graz zu überlassen und meinem Gesuch stattgeben zu wollen.«

Doch dass er »nie« geklagt habe und dass ihm sein Dienst nicht »zu überlastet« sei, sah seine Geliebte Elsa Wagner anders: »Er kam fast immer erschöpft und nervös nach Exekutionen nach Hause«, erinnerte sie sich ein paar Jahre später. Die Nervosität lag wohl auch in der Grausamkeit der Enthauptung selbst begründet. Um die auszuhalten, trank Johann Reichhart viel. Es ist davon auszugehen, dass Johann Reichhart wohl nicht eine Hinrichtung ohne Alkohol überstand. Dass er, wie er von sich sagte, seinen »Dienst als Scharfrichter […] mit großer Gewissenhaftigkeit und ganz nüchtern ausgeführt« habe, hört sich angesichts dieser Tatsache befremdlich an. Er dürfte enorm angespannt gewesen sein und trank deshalb. Dass Reichhart auch ohne seine Vollstreckungstätigkeit ein Alkoholproblem hatte, steht ebenso außer Frage. Seine Tätigkeit dürfte seine Sucht nur verschlimmert haben.

Nicht nur um den Delinquenten die Hinrichtung zu erleichtern und sie so human wie nur irgend möglich ablaufen zu lassen, sondern auch um sie selbst halbwegs unbeschadet zu überstehen, war Johann Reichhart ein unermüdlicher Tüftler, um den Vollstreckungszeitraum deutlich zu verkürzen. So war er ein erklärter Gegner der Stricke, mit denen die Füße gefesselt werden sollten. Auch die Augenbinde war ihm ein Dorn im Auge. Er hatte immer wieder die Erfahrung machen müssen, dass diese von den von Angst gequälten Delinquenten schnell und unbemerkt mit der Schulter abgestreift werden konnte.

Darüber hinaus war er für die Abschaffung des beweglichen Richtbretts, an dem seine Gehilfen den Verurteilten anschnallen mussten. Die ledernen Anschnallriemen selbst waren aber oft sperrig und viel zu hart. Seine Assistenten brauchten viel zu viel Zeit, um den Delinquenten unter das Fallschwert zu schieben.

Doch seine eigenmächtigen Veränderungen stießen anfangs nicht auf die gewünschte Akzeptanz. Man kritisierte ihn sogar heftig bei der Staatsanwaltschaft in München: »Scharfrichter Reichardt hatte in der letzten Zeit einige Male eigenmächtig das Anliegen der Augenbinde und sogar das Anschnallen auf das Fallbrett des Richtgerätes unterlassen. Er berief sich hierbei auf die Übung anderer Scharfrichter. Er hat offenbar den Ehrgeiz, Bruchteile von Sekunden einzusparen. Ich habe ihn hierwegen scharf angelassen, insbesondere auch wegen der Unterlassung des anschnallen, die zu den übelsten Folgen führen kann und ihm vorgehalten, dass der Hinrichtungsakt bei aller gebotenen Schnelligkeit würdig und ernst vor sich gehen müsse; jedenfalls sei dieser Akt keine Gelegenheit, um Rekorde zu drücken. Jetzt ist die alte Übung wiederhergestellt. Reichhardt [sic!] bringt dem übrigens kein Verständnis entgegen.«

Doch Reichhart beließ es nicht dabei. Er war überzeugt davon, mit diesen Neuerungen, der »doppelten Kriminalpatentzange«, einer Art Handschelle, der Abschaffung des Kippbretts und der Einführung einer festen Richtbank für alle Beteiligten – und dazu gehörten neben dem Verurteilten natürlich auch der Scharfrichter, seine drei Gehilfen und das zuständige Gefängnispersonal – das Richtige zu tun.

Im August 1940 wandte sich Reichhart hilfesuchend an das Reichsjustizministerium: »Nachdem bisher die Arbeitsweise bei Vollstreckungen im Reich verschieden durchgeführt wird, am Beispiel anschnallen des Delinquenten, Augen verbinden, Hinsetzen des Delinquenten bei Verkündung des Urteils u. s. w. ersuche ich höflichst Herrn Reichsjustizminister meinen Wünschen stattgeben zu wollen, wie folgt:

1. Das Anschnallen des Delinquenten behindert den Vollzug, da bei manchem das Gehen und Stehen nicht mehr möglich ist, andere wieder müssen getragen und auf die Maschine gelegt werden. Wie dem Reichsjustizministerium ja bekannt ist, haben die neuen Maschinen kein Anschnallbrett, und das ist zweifellos vorteilhafter.

2. Ich halte es nicht für nötig, Augenmasken zu verwenden, und bitte den Herrn Reichsjustizminister Richtlinien für den Scharfrichter einheitlich für das Deutsche Reich zu geben.«

Trotz dieser Neuerungen wurden die Hinrichtungen für Reichhart und seine Gehilfen immer zermürbender. Für das Gefängnis München-Stadelheim war bereits im November 1941 ein Limit erreicht: Die Haftanstalt hatte nicht mehr genügend Sicherheitszellen, denn zu viele Verurteilte warteten auf die Vollstreckung der Todesstrafe. Reichhart und seine Hinrichtungshelfer mussten jetzt noch schneller sein und im Akkord arbeiten. Eine enorme Schlaflosigkeit war die Folge, die psychischen Belastungen mussten immens gewesen sein.

Doch Reichharts kompletten Zusammenbruch konnte seine Geliebte Elsa verhindern, denn sie schaffte dem vielbeschäftigten Henker ein Zuhause mit Nähe und Liebe. In Deisenhofen, Gleisenthal, hatten sie sich ihr kleines Privatparadies geschaffen. »Das Grundstück in Deisenhofen kauften wir im Mai 1942, indem wir zusammen mit dem Rad zur Besitzerin Frau Adam fuhren und den Platz um RM 1500,- kauften, wovon jeder von uns 750,- M gab«, gibt die Kontoristin später exakt zu Protokoll.

Dienst nach Vorschrift

Johann Reichhart konnte diesen Betrag quasi aus der Portokasse bezahlen, obwohl er noch seiner Ehefrau und vier Kindern unterhaltverpflichtet war. Er machte Dienst nach Vorschrift und die Vorschrift gewährte ihm ein Salär, das für einen Mann seiner Bildung und Ausbildung enorm war. Allein für den Juni 1942 wurden für die Hinrichtungstätigkeit von Johann Reichhart und seinen Gehilfen für die Staatsanwaltschaft in Wien 5 830,55 RM in Rechnung gestellt. Für die Staatsanwaltschaft in Nürnberg 379,10 RM, ihre Frankfurter Kollegen mussten 1423,90 RM für insgesamt sieben Enthauptungen berappen, während die Staatsanwaltschaft in Salzburg nur 360,00 RM entrichten musste. Und da sind in dieser Rechnung andere Hinrichtungsstätten, in denen Reichhart und Kollegen tätig waren, nicht einmal berücksichtigt.

Man konnte sogar oberflächlich den Eindruck gewinnen, dass er sich von der Familienbürde gelöst zu haben schien. Er war jetzt wie sein Onkel zwar Großverdiener, aber der Malus des »Aussätzigen« haftete ihm in der Öffentlichkeit zumindest nicht mehr an. Der selbst aus einer »Aussätzigenfamilie« stammende Johann Reichhart richtete nun oft die nach der nationalsozialistischen Ideologie Aussätzigen und sogenannten Volksschädlinge hin. Dazu gehörten Sozialdemokraten, Kommunisten, Asoziale und Menschen, die aus den unterschiedlichsten Gründen dem NS-Regime die Stirn boten.

Diese vielen, in die Hunderte gehenden Namen sind heute nichts weiter als Namen mit Sterbedaten auf Abrechnungslisten. Auf den Tag genau zwei Jahre bevor er seine prominentesten Delinquenten, die Geschwister Scholl, köpfte, enthauptete er am 22. Februar 1941 den damals und heute vollkommen unbekannten 20-jährigen Friedrich Heinlein, einen Bergmannssohn aus dem oberbayerischen Peißenberg. Heinlein desertierte aus der Wehrmacht und flüchtete. Ein wirkliches Ziel hatte er wohl nicht. In Tirol schoss er auf einen Polizisten und wurde festgenommen. Aus den kargen Bemerkungen der Polizeiakten geht hervor, dass Heinleins bei der Flucht mitgeführte Habe aus nichts anderem als zwei Gebetbüchern und

9,46 Reichsmark bestand. Man weiß nicht mehr von Heinlein, als dass er schlank und dunkelblond war und eine Größe von 1,78 Metern hatte. Seine Augenfarbe soll ungewöhnlich braungrau gewesen sein. Mehr ist über diesen jungen Menschen, der morgens um 6 Uhr an jenem 22. Februar 1941 von Johann Reichhart enthauptet wurde, nicht zu erfahren.

Die akkordgetriebene Hinrichtungsmaschinerie bedeutete generell eine physische Vernichtung all jener, die in das Konzept und die Grundidee des nationalsozialistischen Staates von Führer, Volksgemeinschaft und Rasse einfach nicht passen wollten. Dazu gehörten unter anderem auch die sogenannten Asozialen. Zwar wurde der Begriff der Asozialität nie exakt definiert, dennoch war er ein Willkürbegriff, der in seiner konsequenten Anwendung Menschen stigmatisierte, um sie am Ende auszuschalten, wenn sie erst einmal in den Blickwinkel der Gestapo gekommen waren. Dazu gehörten Trinker, Brandstifter, Obdachlose, Kleinkriminelle und andere Randgruppen der Unterschicht. Sucht, Betrug und alle Formen der Sexualität, die sich nicht unter der gewöhnlichen Heterosexualität fassen ließen, galten nach der NS-Rassenlehre als angeboren und damit als vererbbar.

Wie weitreichend und gleichzeitig undefinierbar diese Gruppe war, lässt sich gut an den Richtlinien für die Vergabe von Ehestandsdarlehen ablesen: »[…] Anträge solcher Antragsteller [sind] nicht zu befürworten, die einer Sippe entstammen, deren Mitglieder zu einem mehr oder minder großen Teil laufend Konflikte mit Strafgesetzen, der Polizei oder sonstigen Behörden haben oder arbeitsscheu, hemmungslos oder unwirtschaftlich sind und den Unterhalt für sich oder ihre Kinder dauernd aus fremden Mitteln zu erlangen suchen. Ebenso zu bewerten sind Antragsteller aus solchen Sippen, die ohne fremde Hilfe, Beaufsichtigung oder Führung weder einen geordneten Haushalt führen noch ihre Kinder zu brauchbaren Volksgenossen zu erziehen vermögen oder wenn in der Sippe Trinker, Prostituierte, Landstreicher, Rauschgiftsüchtige, Spieler, betrügerische Hausierer u. s. w. nicht als Einzelfall vorkommen.« Selbst Pfarrer Karl Alt nennt solche Menschen in seinem Buch *Todeskandidaten* noch »Gewohnheitsverbrecher« oder »Lohndirne«.

Oft waren es scheinbar harmlose Vergehen, die aber die eigene Position gegenüber dem NS-Staat als fragwürdig erscheinen ließen, und die mit einem Todesurteil bestraft wurden. Oft traf es einfache, redliche Menschen.

Einer von ihnen war der 1904 geborene Postfacharbeiter Josef Bollwein. Er war ein redseliger Mann, der allzu leicht sagte, was er dachte. Und genau das wurde ihm zum Verhängnis. Ab 1939 war das Hören ausländischer Rundfunksender durch die drakonische *Verordnung über außerordentliche Rundfunkmaßnahmen* verboten.

Auf dem Regensburger Neupfarrplatz versammelte sich ab 1942 eine Gruppe, die sich über die aktuellen Nachrichten, die sie beispielsweise von Radio Vatikan oder BBC London gehört hatten, austauschte. Bollwein gehörte dazu und machte auch keinen Hehl aus der für ihn unumstößlichen Tatsache, dass der Krieg für Deutschland längst verloren sei.

Dabei blieb es nicht. Bollwein war sich seiner Sache so sicher, dass er sich sehr genau auf die neuen Zeiten vorbereitete. Es gelang ihm tatsächlich, sich eine Pistole zu besorgen. Darüber hinaus war er im Besitz eines Sowjetsterns, den er von einem Soldaten geschenkt bekommen hatte. Zwei Flugblätter, abgeworfen von alliierten Flugzeugen, waren ebenfalls in seinem Besitz. Damit nicht genug. In einem Notizbuch notierte er sich die Namen von verschiedenen Nationalsozialisten in seiner Umgebung. Bollwein war der festen Überzeugung, dass die neue Zeit einen radikalen Bruch mit dem Nationalsozialismus bedeutete. Darum waren in seinem Notizbuch auch Namen von Gegnern des Nationalsozialismus, die ihn beeindruckt hatten. Doch Bollwein wurde denunziert. Ab Oktober 1942 wurde er von der Gestapo verhört. Im Juni 1943 dann vom Volksgerichtshof zum Tod verurteilt und zwei Monate später von Johann Reichhart geköpft.

Es waren viele unbekannte Bollweins, denen Johann Reichhart ordnungsgemäß das Leben nahm. Viele kleine Leute wie dieser Postfacharbeiter, die sich eine moralische Größe konsequent erarbeiteten, um nicht in der Alltagsdestruktivität und der lethargischen Banalität des Nationalsozialismus unterzugehen. Es waren beileibe nicht immer Intellektuelle, Kommunisten, Sozialdemokraten, andere Demokraten oder Offiziere alter Schule, die auf ihre Weise Widerstand leisteten. Heute ist Josef Bollweins Name vollkommen unbekannt. Er war ein einfacher Mensch, der keiner besonderen, relevanten Gruppe angehörte, die in der späteren Erinnerungskultur eine tragende Rolle gespielt hätte.

Das Gleiche gilt für den Fürther Handelsvertreter Max Heindl. Er wurde von seiner Geliebten raffiniert und besonders hinterhältig denunziert. Heindl, der allen Glauben an den Gewinn des Kriegs verloren hatte, sprach darüber mit seiner Geliebten. Daraufhin brachte sie ihn dazu, in einem scheinbar harmlosen Gespräch seine Ansichten vor einer Freundin zu wiederholen. Dann zeigte sie ihn an. Es kam zum Prozess vor dem Volksgerichtshof, ihre Freundin fungierte als Zeugin. Obwohl Max Heindl alles abstritt und sich die Anklage ausschließlich auf die beiden Freundinnen stützte, wurde er zum Tod verurteilt und von Johann Reichhart am 22. Oktober 1943 geköpft. In Stadelheim wartete er rund zwei Monate auf seine Hinrichtung.

Aber selbst wer einer Gruppierung angehörte, ist heute als Einzelner beinahe vergessen. Sein Name und seine Persönlichkeit verschwinden hinter dem Gruppennamen. Das gilt besonders für Kommunisten, die selbst in Kriegszeiten zahlreiche, erst einmal von der Gestapo unentdeckte Widerstandsgruppen hatten. Gemäß ihrer eigenen ideologischen Weltanschauung – wo ein Genosse ist, ist die Partei – verschwinden oftmals die biografischen Eigenarten eines Menschen im Schatten der roten Fahne.

Einer von ihnen war der 1909 in Würzburg geborene Wilhelm Lai. Bis Johann Reichhart ihn am 21. September 1943 enthauptete, war sein Leben die reinste Odyssee. Sofort nach Hitlers Machtübernahme organisierte der KPD-Mann den Widerstand gegen die Nationalsozialisten. Zuerst war er federführend im Aufbau einer KPD-Gruppe in Darmstadt. Bereits im Juni 1933 wurde er verhaftet und landete für einen Monat im Konzentrationslager. Sofort nach seiner Entlassung emigrierte er in die Tschechoslowakei und begann, den Widerstand gegen die Nationalsozialisten zu organisieren. Über die streng bewachte Grenze schmuggelte er Propaganda- und Informationsmaterial. Nach einer internen Schulung erhielt er den Parteiauftrag, zurück nach Deutschland zu gehen und in Sachsen illegale kommunistische Jugendgruppen zu organisieren. Das gelang ihm nicht. Aber bereits da wurde er von der Polizei beobachtet. Er flüchtete zurück nach Prag. Dort jedoch machten ihm die kommunistischen Funktionäre erbitterte Vorwürfe, warum er nicht mehr erreicht habe. Derart brüskiert gab er die illegale Arbeit auf. Plötzlich war Lai das, was er im Grunde sein bisheriges Leben lang nie gewesen war: unpolitisch. Doch dieser für ihn selbst so fragwürdige Zustand wurde mit einer ungeheuren Erpressung beendet.

Der tschechoslowakische Geheimdienst nutzte die für ihn günstige Gelegenheit gnadenlos aus. Denn Lai war im Grunde ein Staatenloser, dessen Aufenthaltsstatus ungeklärt war. Er wurde gezwungen, die militärischen Anlagen im Grenzgebiet auf bayerischer Seite zu erkunden. Er hat mindestens acht Berichte dazu verfasst. Dann kam seine Stunde: Seinen Auftrag, einen Angehörigen der deutschen Wehrmacht in die Slowakei zu locken, nutzte er, um über München in die Schweiz zu fliehen. Von hier aus floh er weiter nach Frankreich, trat schließlich im Oktober 1936 in die rotspanische Armee ein und nahm als Soldat am spanischen Bürgerkrieg teil. Nach Kriegsende floh er erneut nach Frankreich. Er wurde verhaftet, landete im Gefängnis, dann in einem französischen Lager.

Schließlich konnte er erneut fliehen und flüchtete zurück in die Schweiz. Dort unterstützten ihn schweizerische Genossen. Doch im Juli 1941 wurde er von den Schweizer Behörden nach Frankreich abgeschoben. Frankreich schien ihm als von den Deutschen okkupiertes Land viel zu unsicher und so wollte Lai über Spanien ins sichere Portugal flüchten. Aber in Spanien hatte seine verzweifelte Flucht ein Ende. Als unerwünschter Ausländer festgenommen landete er im Konzentrationslager Miranda de Ebro und wurde nach Deutschland abgeschoben. Das lag vermutlich auch daran, dass das 1937 nach deutschem Vorbild errichtete Konzentrationslager tatsächlich auch von einem Deutschen geführt wurde – dem SS- und Gestapo-Mann Paul Winzer, der übrigens nur wenige Monate älter als Lai war. Das Konzentrationslager Miranda de Ebro war bis 1947 in Betrieb. Nach dem Urteilsspruch, der auf Tod durch Enthaupten lautete, ging Johann Reichhart wieder einmal seiner Arbeit nach. Auch an diesem Tag war Wilhelm Lai nur einer von mehreren, denen er das Leben nahm.

Aber auch die alten Kräfte leisteten Widerstand, darunter viele, die sich nie mit der Weimarer Demokratie arrangieren konnten und um eine Weltmacht trauerten, die unwiederbringlich verloren war. Dazu zählten vor allem die Mitglieder des österreichischen monarchistischen Widerstands, die Johann Reichhart in Stadelheim köpfte. Für sie alle galt das geradezu schwärmerische, beinahe melancholische Weltbild, das sich literarisch in Josef Roths Roman *Kapuzinergruft* niederschlug, denn wie heißt es dort so schön: »Österreich ist kein Staat, keine Heimat, keine Nation. Es ist eine Religion.«

Diese Religion brachte auch Wilhelm Hebra in den Widerstand gegen die Nationalsozialisten. Hunderttausende jubelten im März 1938 ihrem Führer – bis 1925 selbst Österreicher – zu. Für Hebra war das indes ein letzter Weckruf, die alte Zeit noch einmal heraufzubeschwören. Er war Mitbegründer der Widerstandsgruppe *Ostfrei*. Allerdings gelang es Hebra – von Haus aus Jurist und aus einer alten Wiener Gelehrtenfamilie stammend – nicht, Flugblätter, die er konzipiert hatte, unters Volk zu bringen.

Hebra und seine Widerstandsgruppe waren wie die Gesinnung, der sie anhingen und nachtrauerten: längst aus der Zeit gefallen und von der Wirklichkeit überholt. Alles, was er versuchte, scheiterte. Selbst den Wiener Bischof vom Widerstand zu überzeugen, gelang ihm nicht. Was Hebra indes nicht einmal ahnte, war, dass *Ostfrei* von mehreren Gestapo-Spitzeln unterwandert worden war. Bereits im März 1939, also ein halbes Jahr vor Ausbruch des Zweiten Weltkriegs, wurde Wilhelm Hebra festgenommen. Er wartete vier Jahre auf seinen Prozess. Nach der Verurteilung zum Tod dauerte es noch einmal ein ganzes Jahr, bis er Johann Reichhart gegenüberstand. Wilhelm Hebra gehörte mit 59 Jahren eindeutig zu den älteren Delinquenten, die Johann Reichhart in seiner blutigen Laufbahn hinrichtete. Bei der ungeheuren Vielzahl von Kommunisten, Widerstandskämpfern, sogenannten Asozialen oder Rundfunkverbrechern und anderen zum Tod verurteilten Personen hatten viele kaum das 30. Lebensjahr vollendet.

Viele Namen sind nicht nur vergessen, sie sind niemals bekannt geworden. Sie sind nichts weiter als eine Zahl, manchmal erinnert noch ein Straßenname an sie, wie beispielsweise im Fall des gerade einmal 19-jährigen Walter Klingenbeck, der am 5. August 1943 von Johann Reichhart hingerichtet wurde. In einer Zeit also, in der beispielsweise Willi Graf, führender Kopf der *Weißen Rose*, noch auf seine Hinrichtung wartete.

Klingenbecks Widerstand war nicht so intellektuell fundiert wie der der *Weißen Rose*. Er war jünger, ohne akademische Bildung und nicht so sprachgewaltig, auch fehlte ihm das Echo, das die *Weiße Rose* auszulösen verstand, aber moralisch und in seiner Lauterkeit, seiner zutiefst humanistischen Basis und aus der inneren Überzeugung heraus, sein Leben hinzugeben für das eigene Gewissen und auf einem Ethos basierend, den einzelnen Menschen immer über die politische Macht und die Zeit zu stellen, stand er dem Widerstand der *Weißen Rose* in nichts nach. Allein das Alter Klingenbecks schockiert. Er war sogar zwei Jahre jünger als Johann Reichharts ältester Sohn Heribert.

1924 geboren, hatte Walter Klingenbeck für sein Handeln im Widerstand gleich mehrere Gründe: Tief im Glauben und in der Pfarrgemeinde und der Jungschar von St. Ludwig verwurzelt, war das bereits für ihn das erste Kriterium, sich unter allen Umständen dem Nationalsozialismus zu verweigern. Gleichzeitig musste er sich als enorm wissbegieriger Jugendlicher von vielem, was den Nationalsozialismus ausmachte, abgestoßen gefühlt haben. Denn neben seiner kaufmännischen Ausbildung war er ein leidenschaftlicher Radiobastler. Nach seiner Kaufmannslehre hatte er eine zusätzliche Ausbildung als Schaltmechaniker beim Elektronikkonzern Rohde & Schwarz absolviert. Für sein Alter muss er ein wacher Geist gewesen sein, der sich brennend für politische Fragen interessierte. Er hörte Radio Vatikan und BBC London, was strengstens verboten war. Gemeinsam mit seinen Freunden Daniel von Recklinghausen, Erwin Eidel und Hans Haberl diskutierte er über das, was er gehört hatte.

Die vier Jugendlichen hatten sehr schnell das Gefühl, etwas tun zu müssen. Sie planten eine eigene Widerstandsgruppe, die ihre Apelle über einen eigenen Radiosender verbreiten wollte. Damit nicht genug, sie wollten sogar eigene kleine Elektroflugzeuge bauen, mit denen sie über München Flugblätter abwerfen wollten. In mehreren nächtlichen Aktionen pinselte Walter Klingenbeck mit schwarzem Altöl ein *V* für *Victory* an Hausmauern und auf Verkehrsschilder in Bogenhausen und sogar an die SS-Kaserne in München-Freimann.

Von einer Freundin wurden sie denunziert. Alle vier Jungen wurden zum Tod verurteilt. Während jedoch die Gnadengesuche von Daniel von Recklinghausen, Erwin Eidel und Hans Haberl bewilligt wurden, wurde das Todesurteil gegen den tiefgläubigen Walter Klingenbeck von dem ebenfalls tiefgläubigen Johann Reichhart vollstreckt. Vielleicht kannte Reichhart die Bibelstelle und konnte sich damit trösten, das Richtige getan zu haben, dem jungen Walter Klingenbeck das Leben zu nehmen, denn wie sagt Paulus den römischen Christen (Röm 13,1–2): »Jeder leiste den Trägern der staatlichen Gewalt den schuldigen Gehorsam. Denn es gibt keine staatliche Gewalt, die nicht von Gott stammt; jede ist von Gott eingesetzt. Wer sich daher der staatlichen Gewalt widersetzt, stellt sich gegen die Ordnung Gottes, und wer sich ihm entgegenstellt, wird dem Gericht verfallen.«

Kurz vor der Vollstreckung schrieb Klingenbeck an seinen Freund Hans Haberl: »Ich habe soeben die Sakramente empfangen und bin jetzt ganz gefasst. Wenn Du was für mich tun willst, bete ein paar Vaterunser.« Nach seiner Hinrichtung war auf seinem Totenzettel in der St. Ludwig-Gemeinde zu lesen: »Gott braucht zuweilen Menschen, die dem Tag vorauslaufen, um ihn anzumelden; aber sie müssen sterben, bevor der Tag kommt.«

Auf der Website der Kirchengemeinde findet sich heute ein schlichtes, aber eindrucksvolles Gebet, das sich wie ein Fanal gegen Diktatur, Menschenverachtung und für die innere Kraft des Widerstands lesen und empfinden lässt: »Allmächtiger, ewiger Gott, Du hast Deinem Diener Walter Klingenbeck die Kraft gegeben, durch seinen Tod für Recht und Wahrheit einzutreten. Höre auf die Fürsprache Deiner heiligen Märtyrer und hilf uns, alle Mühe und Last zu ertragen und Dich, unser wahres Leben mit ungeteiltem Herzen zu suchen. Darum bitten wir Christus, unseren Herrn. Amen.«

Was Walter Klingenbeck nicht wusste, war, dass zeitgleich die Mitglieder der *Weißen Rose*, Hans Scholl, Alexander Schmorell und Willi Graf, aus ähnlichen Motiven wie er ihren Widerstand positionierten. Doch mit einem ganz anderen, viel größeren Echo.

Weiße Rose

Als nach der sechsten und letzten Flugblattaktion mit Hans und Sophie Scholl und Christoph Probst am 18. Februar 1943 die ersten Mitglieder der studentischen Widerstandsgruppe *Weiße Rose* verhaftet wurden, begann bereits der Nachruhm der Münchner Studenten, inklusive einer moralischen Wirkung, auf die die freie Welt gewartet zu haben schien. Ihr Widerstand wurde zum politischen, mehr noch zum moralischen Gradmesser. Schließlich war dieser 18. Februar 1943 genau jener Tag, an dem Propagandaminister Joseph Goebbels abends seine berühmte Wollt-ihr-den-totalen-Krieg?-Rede im Berliner Sportpalast gehalten hatte.

Bereits im Frühsommer 1943 waren ihre Namen zum Teil bekannt. Gesprochen wurde allerdings nur von »Münchener Studenten«, nicht aber von der *Weißen Rose*. Thomas Mann (1875–1955) notierte in seinem Tagebuch am 12. Juni 1943 knapp: »Ergreifender schwedischer Bericht über die Rebellion an der Münchener Universität. Zehn Studenten und der Psychologe Prof. Huber geköpft!« Das stimmte allerdings nicht. Zu diesem Zeitpunkt hatte Johann Reichhart tatsächlich nur Hans und Sophie Scholl sowie Christoph Probst geköpft. Doch für Thomas Mann war diese »Rebellion an der Münchener Universität« von besonderer Tragweite. Gerade die Ludwig-Maximilians-Universität war in den 1920er-Jahren, als Thomas Mann seinen Weg zur Demokratie und zur Weimarer Republik fand, ein herrischer, akademischer Hort völkischen und antisemitischen Intellektualismus.

Thomas Mann zögerte nicht. Zwei Wochen nach seinem Tagebucheintrag ließ er seine deutschen Hörer in einer Ansprache vom 27. Juni 1943 über BBC London wissen: »In diesem Sommer wurde die Welt aufs tiefste bewegt von den Vorgängen an der Münchener Universität, wovon die Nachricht durch Schweizer und schwedische Blätter, erst ungenau, dann mit immer ergreifenderen Einzelheiten, zu uns gedrungen ist. Wir wissen nun von Hans Scholl, dem Überlebenden von Stalingrad, und seiner Schwester, von Christoph Probst, dem Professor Huber und all den anderen; von dem österlichen Aufstand der Studenten gegen die obszöne Ansprache eines Nazi-Bonzen im Auditorium Maximum, von ihrem Märtyrertod, von der Flugschrift, die sie verteilt haben und in der Worte stehen, die vieles gutmachen, was in gewissen unseligen Jahren an deutschen Universitäten gegen den Geist deutscher Freiheit gesündigt worden ist.«

Als das zu hören war, saß noch ein Großteil der Mitglieder der *Weißen Rose* im Gefängnis – nicht wenige, wie vor allem der von Thomas Mann namentlich genannte Professor Kurt Huber, Alexander Schmorell und Willi Graf warteten auf einen Mann, der ihnen das Leben nehmen sollte: Johann Reichhart hat alle, die zum Tod verurteilt worden waren, enthauptet. Hans Leipelt war zu diesem Zeitpunkt noch nicht einmal entdeckt und erst am 9. November 1943 begann die Zerschlagung des Hamburger Arms der *Weißen Rose.*

Interessant an Thomas Manns Ausführungen ist die geradezu biblische Sendung, die seinen Worten nach von der *Weißen Rose* ausging. Es war wohl in einem metaphysischen Sinn ein »österlicher Aufstand« gewesen, nicht aber im kalendarischen, denn der Ostersonntag fiel 1943 auf den 25. April … Aufsehenerregend ist auch, dass bereits weltweit »Worte« bekannt sind, »die vieles gutmachen, was in gewissen unseligen Jahren an deutschen Universitäten gegen den Geist deutscher Freiheit gesündigt worden ist«. Das ist beinahe religiös, in jedem Fall ein neuer Glaube an das Gute. Gerade für die Exilanten in den Vereinigten Staaten von Amerika, die mit ansehen mussten, wie junge Deutsche in den Armeen auf Befehl und mit schierer Begeisterung die Welt in Trümmer legten.

Aus München kam ein unübersehbares Leuchten einer Gegenwelt und so führte Thomas Mann eben dann auch weiter aus: »Ja, sie war kummervoll, diese Anfälligkeit der deutschen Jugend – gerade der Jugend – für die nationalsozialistische Lügenrevolution. Jetzt sind ihre Augen geöffnet, und sie legen das Haupt auf den Block für ihre Erkenntnis und für Deutschlands Ehre – legen ihn dorthin, nachdem sie vor Gericht dem Nazi-Präsidenten ins Gesicht gesagt: ›Bald werden Sie hier stehen, wo ich jetzt stehe‹.«

Auch wenn Thomas Mann vermutlich nie den Namen Johann Reichhart gehört hat, so hatte er doch eine ziemlich klare Vorstellung davon, dass

Johann Reichhart nicht einfach nur seine Pflicht tat, sondern vielmehr im Rahmen der Pflicht half, eine rebellische, humanistische Moral zu beseitigen und mit seinem tödlichen Handwerk aus Verurteilten unsterbliche Helden zu machen. Für Thomas Mann selbst waren diese Münchner Studenten »brave, herrliche junge Leute«, wie er in seiner Ansprache weiter ausführte, die einen »Märtyrertod« gestorben sind, und dementsprechend forderte er: »Ihr sollt nicht umsonst gestorben, sollt nicht vergessen sein. Die Nazis haben schmutzigen Rowdies, gemeinen Killern in Deutschland Denkmäler gesetzt – die deutsche Revolution, die wirkliche, wird sie niederreißen und an ihrer Stelle eure Namen verewigen, die ihr, als noch Nacht über Deutschland und Europa lag, wusstet und verkündet: ›Es dämmert ein neuer Glaube an Freiheit und Ehre!‹«

Es ist genau eben jene Ehre, die die Münchner Studenten selbst in den Flugblättern eingefordert hatten, nun aber auch in anderen Flugblättern propagiert wurde. Im Juni 1943 verbreitete die Propagandaabteilung der Roten Armee ein mit einem Trauerrand versehenes Flugblatt hinter der deutschen Front, das mit klarer, doch pathetischer Sprachgewalt um ein Gedenken bittet: »Senkt die Fahnen über frischen Gräbern deutscher Freiheitskämpfer!« Dieses erste Flugblatt – es gab mindestens zwei, die die Propagandaabteilung der Roten Armee entwarf – enthielt eine Fülle von Informationen, mit denen »junge Deutsche im Waffenrock«, wie es so schön hieß, »Offiziere und Soldaten, für ein freies und friedliches Deutschland« und »für Erhaltung und Wohlstand des deutschen Volkes, der deutschen Familie« aufgefordert wurden.

Hans und Sophie Scholl sowie Christoph Probst wurden auf diesem Flugblatt namentlich genannt. Sie gehörten »zu den edlen mutigen Vertretern der deutschen Jugend, die nicht mehr gedankenlos in sturer Demut, die schrecklichen Leiden ihres Vaterlandes miterleben wollten«. Sogar die Aussage, die Hans Scholl laut der Autoren vor dem Volksgerichtshof getätigt haben soll, fand sich hier: »Ich bin kein Kommunist, ich bin Deutscher.«

Im zweiten Flugblatt, das »An die Soldaten und Offiziere der 5. Jäger-Division!« gerichtet war, wurde direkt an die schwäbischen Soldaten an der Ostfront appelliert: »Sturz Hitlers, Versöhnung mit allen Völkern. Die

Autoren sind sicher, dass schon bald der Tag kommen wird, an dem das Schwabenland im freien Deutschland mit Stolz seiner tapferen und todesverachtenden Freiheitshelden gedenken wird.«

Es ist erstaunlich, was die Autoren dieses Flugblatts alles über Hans und Sophie Scholl wussten. Sogar, dass ihr Vater Hans Scholl im Ersten Weltkrieg Soldat war und im Osten gekämpft hatte. Sie kannten sogar seine militärischen Auszeichnungen. Nur über Christoph Probst waren die Informationen spärlich, man wusste, dass er ein Schwabe war, »aber Näheres ist über ihn bis jetzt noch nicht bekannt«.

Im Juli 1943 warf die Royal Airforce (RAF) *Ein deutsches Flugblatt*, so der Titel des Blattes, über deutschen Städten ab. Neben dem Einleitungstext war der gesamte Text des sechsten Flugblatts der *Weißen Rose* darauf abgedruckt. Die Royal Airforce (RAF) ahnte um die Propagandawirkung, sie fühlte sich offenbar auch in einer Art moralischer Bringschuld, denn: »Wir werden den Krieg sowieso gewinnen. Aber wir sehen nicht ein, warum die Vernünftigen und Anständigen in Deutschland nicht zu Worte kommen sollen. Deswegen werfen die Flieger der RAF zugleich mit ihren Bomben jetzt dieses Flugblatt, für das sechs junge Deutsche gestorben sind, und das die Gestapo natürlich sofort konfisziert hat, in Millionen von Exemplaren über Deutschland ab.«

Diese enorme, publizistische und öffentlichkeitswirksame Zentrifugalkraft hatten sich Hans Scholl und sein Studienfreund Alexander Schmorell erhofft, als sie in Schmorells Elternhaus in München-Harlaching im Juni 1942 die ersten vier von insgesamt sechs Flugblättern der *Weißen Rose* entwickelten. Kurz zuvor hatten sie Professor Kurt Huber kennengelernt, er sollte ihr Gedankenanreger werden und das fünfte Flugblatt redigieren.

Bereits im ersten Flugblatt beschrieben sie ihre Absicht und diese Absicht war in erster Linie ein schmerzhaftes Resümee über das, was in den letzten Jahren in Deutschland passiert war: »Nichts ist eines Kulturvolkes unwürdiger, als sich ohne Widerstand von einer verantwortungslosen und dunklen Trieben ergebenden Herrscherclique ›regieren‹ zu lassen. Ist es nicht so, dass sich jeder ehrliche Deutsche heute seiner Regierung schämt, und wer von uns ahnt das Ausmaß der Schmach, die über uns und unsere Kinder kommen wird, wenn einst der Schleier von unseren Augen gefallen ist und die grauenvollsten und jegliches Maß unendlich überschreitenden Verbrechen ans Tageslicht treten?«

Diese Sätze kamen nicht von einfachen Studenten. Sie zeugen von hoher moralischer Integrität und einem Gefühl von Verantwortung, dem eine humanistisch geprägte Erziehung zugrunde lag. Das galt gerade für die Geschwister Scholl. Hans und Sophie Scholl waren in einem schwäbischen, liberalen und religiös geprägten Elternhaus groß geworden, das schon in seiner Grundkonstellation ungewöhnlich war: Die Mutter Magdalena (1881–1958), eine ehemalige Diakonisse, war zehn Jahre älter als ihr Mann Robert (1891–1973), der bereits Bürgermeisterstellen innehatte, ehe er sich 1932 als Wirtschafts- und Steuerberater in Ulm niederließ. Sechs Kinder sollten zur Welt kommen.

Bis 1936 waren Hans und Sophie Scholl von Hitler begeistert. Hans Scholl brachte es sogar zum Fähnleinführer und war damit direkter Vorgesetzter von 160 Hitlerjungen. Er wurde sogar als Vertreter seines HJ-Standortes zum Nürnberger Reichsparteitag 1936 geschickt. Jedoch passte er überhaupt nicht in das Bild eines solchen Führers. Er begeisterte sich für die Gestaltungskriterien des längst verfemten Bauhauses, für die Malerei von Franz Marc, die er nachzuahmen versuchte, die Gedichte von Stefan George und für die Romane von Thomas Mann – nichtsahnend, dass dieser Thomas Mann ihn rund zehn Jahre später mit Sätzen zu würdigen wusste, die Hans Scholls moralischer Integrität eine imposante Geltung verschaffen würden.

Hans Scholls Einstellung änderte sich erst allmählich, als die Argumente des diskussionsfreudigen, liberal eingestellten und Hitler ablehnenden Vaters ihre Wirkung zeigen. Nicht unerheblich dürfte allerdings auch gewesen sein, dass der schwärmerische Hans Scholl wegen homosexueller Kontakte 1937 für fünf Wochen in Untersuchungshaft saß. Es kam jedoch nie zu einem Strafverfahren. Aber den eisigen Schatten der Nationalsozialisten hatte er nun das erste Mal am eigenen Leib verspürt.

Die tatsächliche Entscheidung allerdings, aktiv in den Widerstand gegen das Hitler-Regime zu gehen, traf Hans Scholl nicht alleine, sondern zusammen mit Alexander Schmorell im Frühjahr 1942. Schmorell stammte selbst aus einem eher ungewöhnlichen Elternhaus. Er wurde am 16. September 1917, also kurz vor Ausbruch der russischen Oktoberrevolution, in der im südlichen Ural gelegenen Stadt Orenburg geboren. Seine Mutter, eine Russin, starb, als Alexander gerade erst zwei Jahre alt war. Zusammen mit der Kinderfrau Njanja gingen er und sein Vater, ein Arzt, 1921 nach München.

Zu den Freunden Alexander Schmorells zählte auch Christoph Probst, der ebenfalls in einem von religiöser und kultureller Offenheit geprägten Elternhaus aufwuchs. Sein Vater Hermann war Sanskritforscher und mit den Malern Paul Klee und Emil Nolde, der übrigens auch Christoph und seine Schwester Angelika porträtiert hat, befreundet.

Wie bei Hans Scholl griffen die Nationalsozialisten auch in das Leben der Familie Probst ein: Nach seiner Scheidung von Christoph Probsts Mutter hatte Vater Hermann eine Jüdin geheiratet. 1936 beging er Suizid. Als Christoph Probst von den Nachrichten erfuhr, die aus dem Osten und direkt von der Ostfront kamen, war er entsetzt: Die Berichte von Konzentrationslagern und der Ermordung von Juden und Partisanen schockierten den freireligiös erzogenen Probst in den Grundfesten. Schmorell, Scholl und Probst, alle drei Freunde waren geprägt von festen religiösen, christlichen Überzeugungen. Dasselbe galt auch für den streng katholisch erzogenen Willi Graf. Für sie war Gott der höchste Richter. Das hatten sie gemeinsam mit Johann Reichhart, der ihnen das Leben nehmen sollte.

Die Freunde beließen es nicht bei einer singulären Aktion. Sie wollten dieses Deutschland verändern. Dazu brauchte es ein Netzwerk, am besten gleich ein deutschlandweites, und es brauchte eine Infrastruktur, denn es war Krieg. Papier und druckfähige Farben waren genauso rationiert wie Hektografiermaschinen, mit denen die Flugblätter vervielfältigt werden mussten. Wie konnten sie in andere Städte gelangen? Wie sollten Abstimmungsprozesse laufen?

Ende 1942 gab es bereits weitere Anhänger in anderen Städten, so auch eine Gruppe in Hamburg. Es waren nicht nur Studenten, sondern auch Schüler wie beispielsweise in Ulm.

Das zweite Flugblatt der *Weißen Rose* ist das einzige Zeugnis des deutschen Widerstandes, das den Holocaust thematisiert. Es war wohl Alexander Schmorell, der dort schreibt: »[…] nur als Beispiel wollen wir die

Tatsache kurz anführen, die Tatsache, dass seit der Eroberung Polens dreihunderttausend Juden in diesem Land auf bestialische Art ermordet worden sind. Hier sehen wir das fürchterliche Verbrechen an der Würde des Menschen, ein Verbrechen, dem sich kein ähnliches in der ganzen Menschheitsgeschichte an die Seite stellen kann.«

Im dritten Flugblatt gaben die Studenten dem Leser eine ausgereifte, durchdachte Argumentationslinie vor:

»Unser heutiger ›Staat‹ ist die Diktatur des Bösen. ›Das wissen wir schon lange‹, höre ich Dich einwenden, ›und wir haben es nicht nötig, daß uns dies hier noch einmal vorgehalten wird.‹ Aber, frage ich, wenn Ihr das wisst, warum regt Ihr Euch nicht, warum duldet Ihr, daß diese Gewalt aber Schritt für Schritt offen und im verborgenen eine Domäne Eures Rechts nach der anderen raubt, bis eines Tages nichts, aber auch gar nichts übrigbleiben wird als ein mechanisiertes Staatsgetriebe, kommandiert von Verbrechern und Säufern? Ist Euer Geist schon so sehr der Vergewaltigung unterlegen, dass Ihr vergesst, daß es nicht nur Euer Recht, sondern Eure sittliche Pflicht ist, dieses System zu beseitigen?«

Solche Fragen bedeuteten für den Verfasser das Todesurteil. Die Staatsorgane waren in höchster Alarmbereitschaft. Aber sie wussten nicht, wer der Urheber dieser Flugblätter war. Erst mit dem letzten und sechsten Flugblatt flog die *Weiße Rose* auf. Hans und Sophie Scholl wurden vom Hausmeister der Universität, Jakob Schmid (1886–1964), gestellt, als sie gerade die Flugblätter verteilen wollten.

Die in diesem letzten Flugblatt geäußerte Feststellung, dass die Deutschen »im Aufbruch gegen die Verknechtung Europas durch den Nationalsozialismus, im neuen gläubigen Durchbruch von Freiheit und Ehre« stehen, war zu diesem Zeitpunkt leider mehr Wunsch als Wirklichkeit.

Mit Hans und Sophie Scholl sowie Christoph Probst wurde kurzer Prozess gemacht. Von der Verhaftung bis zur Hinrichtung vergingen gerade einmal vier Tage. Alles Intervenieren durch den Vater Robert Scholl blieb zwecklos. Die Anklage lautete auf Hochverrat. Damit war das Todesurteil im Grunde schon gesprochen. Volksgerichtshofpräsident Roland Freisler kam extra nach München gereist. Im Justizpalast hielt er Hof. Die Anklage wurde zum Tribunal.

Als sich die Geschwister Scholl schließlich gemeinsam mit Gefängnispfarrer Karl Alt auf ihre Hinrichtung vorbereiteten, trug Sophie Gebäck in ihrer Strickweste. Das hatte ihr ihre Mutter im Besucherraum des Gefängnisses zugesteckt. In ihrem Besitz waren darüber hinaus noch »1 Schachtel Streichhölzer, 1 Anklageschrift, 1 Stängelchen Schokolade«, wie auf einer Laufkarte notiert ist.

In diesem Besucherraum fand auch das letzte Gespräch zwischen Sophie und ihrer Mutter statt. Zeugin war Sophies Schwester Inge, die kurz nach dem Krieg ihre furchtbaren Erlebnisse in Worte fasst. Die Mutter fragte Sophie demnach beim Abschied: »Mein Liebes, wirst du denn nun nie mehr bei mir zur Tür hereinkommen?« Und Sophie Scholl antwortet ihrer Mutter: »Ach Mutter, die paar Jährle noch …!« Sie war sich sicher, dass auf sie ein Leben nach dem Tod wartete und sie ihre Mutter wiedersehen würde.

Für Schwester Inge war die »wundersame Bereitschaft, mit der sich Sophie von ihrem Leben löste«, beeindruckend. Was dachte Sophie Scholl zuletzt »mit ihrem strahlenden Lächeln, als schaue sie in die Sonne?« Ihre Schwester schrieb in der Rückschau: »Ich sehe das verklärte Angesicht Sophies in dieser Stunde, das noch einmal in seinen Jugendfarben seltsam schön und lebendig leuchtete.«

Kurz danach erteilte Walter Roemer den Vollstreckungsbefehl. Um 17 Uhr köpfte Johann Reichhart Sophie Scholl, danach ihren Bruder Hans, wenige Augenblicke später Christoph Probst. Johann Reichhart sollte noch nach Jahrzehnten immer wieder behaupten, er habe noch nie jemanden so stolz sterben sehen wie sie. Der Letzte, den Johann Reichhart aus der *Weißen Rose* köpfte, war Hans Leipelt – am 29. Januar 1945, drei Monate bevor die US-Armee in München einmarschierte. Im Dezember 1944 hatte sich Leipelts jüdische Mutter, die auch die *Weiße Rose* unterstützt hatte, kurz bevor sie nach Auschwitz deportiert werden sollte, das Leben genommen. 2012 wurde Alexander Schmorell von der russisch-orthodoxen Kirche heiliggesprochen. Nun wurde er auch kirchlich zu dem Märtyrer, der er und seine Freunde für Thomas Mann schon vorher gewesen war. Christoph Probsts Frau Herta sollte ihren Mann um ganze 73 Jahre überleben.

Die vier Tage danach

Für Johann Reichhart war die Hinrichtung der Geschwister Scholl ein normaler Arbeitstag. Bereits am nächsten Tag richtete er in Nürnberg, wie den Abrechnungsunterlagen zu entnehmen ist, fünf Delinquenten hin. Am Tag darauf 20 weitere in Stuttgart. Zwei Tage später war er in Wien, um gleich 18 Delinquenten zu köpfen. Er hatte also in den vier Tagen nach dem Tod von Sophie und Hans Scholl und Christoph Probst ohne jedes Aufsehen 43 weitere Menschen enthauptet.

Sie alle hatten eines der über 40 Delikte begangen, für die man in der nationalsozialistischen Ideologie sein Leben verwirkt hatte und zum Tod verurteilt wurde. Verdrängte er es in immer neuen Hinrichtungsaufträgen? Es waren nicht die einzigen jungen Erwachsenen, die er hingerichtet hatte. Schon gar nicht die letzten Mitglieder der *Weißen Rose*. Die Pflicht eines Tages verlor durch die Pflichterfüllung des nächsten Tages bereits ihre moralische Wertschätzung. Wer weiter handelte, stellte keine Fragen.

In dieser Zeit war Johann Reichhart dauererschöpft. Er trank viel zu viel, um den enormen Strapazen, die jeder neue Hinrichtungsfall mit sich brachte, irgendwie standhalten zu können. Hatte Johann Reichhart überhaupt so etwas wie ein Gefühl, als er die Arbeit erledigte, die Sophie Scholls Leben beendete? In diesem Fall vielleicht sogar Skrupel? »Ich habe noch nie jemanden so sterben sehen«, soll Johann Reichhart immer wieder über Sophie Scholl gesagt haben. Warum sagte er das? Wollte er damit ihren »Enthusiasmus« beweisen, mit dem sie, wie sich ihre Schwester Inge Aicher-Scholl erinnerte, in den Tod ging? Oder war es seine übliche Angeberei, diese Großspurigkeit, mit der er behauptete, er sei Zeuge des Todes von Sophie Scholl gewesen und sei damit selbst in die Geschichte der *Weißen Rose* verwoben?

Immerhin sagte er ja nicht, dass er Sophie Scholl hinrichtete. Er brüstete sich damit, Zeuge ihres Todes gewesen zu sein. Gleichzeitig schaffte er mit dieser Aussage auch eine gewisse, gewissenlose Distanz, als habe er nichts mit ihrem Tod zu tun, fast so, als sei Sophie Scholl friedlich (im Bett) gestorben. Diese Distanz machte es ihm tatsächlich erst möglich, seine

Tätigkeit auszuhalten und die Verantwortung für seine Vollstreckungstätigkeit einer höheren Macht zu übergeben.

Der kriegstraumatisierte Johann Reichhart tötete Widerstandskämpfer, die ebenfalls ihr Trauma hatten, gegen das sie ankämpften. Der Alltag des Nationalsozialismus hatte jeden von ihnen auf seine Weise traumatisiert. Da waren die Erlebnisse an der Ostfront, die Judenverfolgung oder überhaupt die Verfolgung von Andersdenkenden, die täglichen Drangsalierungen und vor allem die Masse der Mitläufer, die dieses System erst möglich machten.

Jeder Widerstandskämpfer bezog für sich eine eigene moralische Position, suchte nach Antworten auf seine Fragen, glaubte an eine höhere, mächtigere Ordnung als den Nationalsozialismus. In den Kreisen der *Weißen Rose* waren es vor allem Antworten der klassischen Philosophie und des Humanismus, christlicher Nächstenliebe und der praktischen Vernunft und angewandten Aufklärung.

Welche Position hatte man gegen das oder gar mit dem System? Neben der offiziellen Haltung, die man an den Tag legte, hatte jeder zumindest der Theorie nach einen inneren Gradmesser, den das Gewissen einem abforderte. Für Traudl Junge beispielsweise, Hitlers, durch den Interview-Film André Hellers berühmt gewordene Sekretärin, drängte sich diese Fragestellung erst auf, als sie eher zufällig in der Münchner Franz-Joseph-Straße am früheren Wohnhaus der Geschwister Scholl eine Gedenkplatte entdeckte und feststellen musste, dass sie fast genau ein Jahr älter war als Sophie Scholl: »Dass sie in dem Jahr, als ich zu Hitler kam, hingerichtet worden ist, und in dem Moment habe ich gespürt, dass das eigentlich keine Entschuldigung ist, dass man jung ist, sondern das man auch hätte vielleicht Dinge erfahren können.«

Die Hampels

Anfang April 1943 musste Johann Reichhart nach Berlin, wo er unter anderem ein Ehepaar enthauptete. Sein Berliner Kollege, Scharfrichter Wilhelm Röttger, war verhindert. Wie schon oft übernahm Reichhart seine Vertretung. In der Vielzahl der Hinrichtungen, die Reichhart 1943 vollzog, war diese Vollstreckung wie jede andere auch. Einzige Besonderheit: Er köpfte ein Ehepaar. Diese Enthauptung wäre nur eine von vielen geblieben, wenn nicht der Schriftsteller und spätere SED-Kulturminister Johannes R. Becher (1891–1958) ein Herz für Hans Fallada gehabt hätte – den einst berühmten Autor, der seit den 1930er-Jahren bereits berüchtigt für seine Alkohol- und Drogenexzesse und kurz davor war, vollkommen zu kollabieren, physisch und psychisch am Ende seiner Kräfte.

Am 13. August 1945 war ein gemeinsamer Selbstmord von Fallada mit seiner Frau Ulla gescheitert. Rund zwei Wochen verbrachte das Ehepaar daraufhin im Neustrelitzer Carolinenstift. Schließlich siedelten sie Anfang September nach Berlin in den Stadtteil Schöneberg über. Paul Wiegler (1878–1949), Autor historischer Romane und ein alter Freund von Hans Fallada, vermittelte nun ein Treffen zwischen dem Schriftsteller und Johannes R. Becher.

Becher wusste um die enorme, spannungsgeladene Suggestivkraft von Falladas Fabulierkünsten, schließlich hatte dieser diverse Bestseller geschrieben. Gleichzeitig lag Becher daran, ein literarisches Werk auf den Markt bringen zu können, das den Widerstand eines Arbeiters gegen den Nationalsozialismus thematisierte, und so ließ er Fallada Mitte Oktober 1945 die Gestapoakte des Ehepaars Hampel zukommen.

Bereits zwei Wochen zuvor, am 18. Oktober, unterschrieb Hans Fallada mit dem Berliner Aufbau-Verlag einen Vertrag für einen Roman, der noch den etwas reißerischen Arbeitstitel *Im Namen des deutschen Volkes! Streng geheim* trug. Nebenbei erhoffte sich Becher, dass sein späterer Nachbar – am 9. November, also nur wenige Wochen nach dem Treffen, zog Fallada in die unmittelbare Nähe von Becher – endlich seine Morphiumsucht in den Griff bekam. Mit Morphinisten kannte sich Becher bestens aus: Er war selbst einer gewesen.

Der Nachbar enttäuschte den Auftraggeber keineswegs – im Gegenteil. Fallada schrieb den Roman Ende 1946 in knapp vier Wochen wie im Wahn, teilweise mehr als 50 Seiten am Tag. Das Buch mit dem Titel *Jeder stirbt für sich allein* wurde ein Meisterwerk. Es machte das hingerichtete Ehepaar Otto und Elise Hampel unsterblich. Als der Roman in neuer Übersetzung mehr als 60 Jahre nach dem Tod des Autors – Fallada starb im Februar 1947 – in Großbritannien erschien, verkauften sich innerhalb kürzester Zeit 300 000 Exemplare. *Jeder stirbt für sich allein* wurde mehrfach verfilmt und ist inzwischen in mehr als 20 Ländern erschienen. Ob Johann Reichhart von diesem Buch je gehört oder es gar gelesen hat? Ohne ihn, seine verhängnisvolle Tätigkeit und die penible Aktenführung der Gestapo und des Volksgerichtshofs wäre dieser Roman nie entstanden.

Bevor Hans Fallada mit dem Buch begann, wertete er die Gestapo-Akten zum Fall Hampel aus und schrieb darüber für die Zeitschrift »Aufbau«. In Heft 3 dieser »Kulturpolitischen Monatsschrift«, herausgegeben vom Kulturbund zur demokratischen Erneuerung Deutschlands, erschien im November 1945 ein 15-seitiger Beitrag von Fallada mit dem sperrigen, sich altmeisterlich lesenden Titel *Über den doch vorhandenen Widerstand der Deutschen gegen den Hitlerterror*. Das war nicht nur ein Beitrag über das Schicksal der Hampels, es war eigentlich schon das Exposé für den späteren Erfolgsroman.

Die Geschichte des Ehepaars Hampel (siehe Abb. S. 18), die Fallada in seinem großen Beitrag für den »Aufbau« bereits – wie später in seinem großen Roman – *Quangel* nannte, ist im Roman auch die Geschichte einer kleinen, eher inneren Rebellion gegen die Hoffnungs- und Hilflosigkeit, die heimlich nach außen getragen wird. Aber es ist tatsächlich auch die Geschichte, wie man Widerstandskämpfer wird, mit diesem Widerstand an die eigenen Grenzen stößt, scheitert und in den letzten Lebensminuten auf jemanden trifft, der längst seinen natürlichen, inneren Widerstand überwunden hat, Menschen das Leben zu nehmen. *Quangel* – das ist auch ein leicht gemischter, erfühlter Kunstname wohl aus Hampel und quengeln.

Aber wer waren Falladas literarische Vorbilder wirklich? Einst angepasste Mitläufer und nun zutiefst menschlich reagierende und agierende

Querulanten, politische Widerstandskämpfer oder Widerstandskämpfer aus Umständen heraus, die sich weniger gegen Hitler als in erster Linie gegen den von den Nationalsozialisten geführten Krieg richtete? Was machte Fallada aus ihnen? Eine Heldenverklärung oder ein intensives Melodram, das wie kaum ein anderes Buch den Nationalsozialismus im Alltag und Kriegsalltag kleiner Leute widerspiegelt?

Die Hampels waren eher einfache Leute aus dem Wedding, dem klassischen Arbeiterstadtteil Berlins, in dem Hans Fallada übrigens auch seinen 1941 geschriebenen Roman *Ein Mann will nach oben* ansiedelte. In den 1920er-Jahren war es noch der rote Wedding gewesen, in dem Sozialdemokraten und Kommunisten das politische Tagesgeschehen prägten. Doch bereits Mitte der 1930er-Jahre war davon nichts mehr zu spüren. Wie ganz Berlin war auch der Wedding fest in den Händen der Nationalsozialisten.

In diesem Biotop aus Mitmachen und Erdulden lernten sich Mitte der 1930er-Jahre der Witwer Otto Hermann Hampel und eine gewisse Elise Martha Lemme kennen. Hampel ist offenbar kein Roter, denn von 1928 bis 1933 war er Mitglied des *Stahlhelm*, dem Bund konservativer und scharf rechtsgerichteter Frontsoldaten des Ersten Weltkriegs.

Im Ersten Weltkrieg war er an der Westfront gewesen, genau wie Hitler und Johann Reichhart. Danach war er bis 1923 Arbeiter bei der Berliner Verkehrsgesellschaft (BVG), ab Ende Januar 1923 arbeitete er offenbar als angelernte Hilfskraft im Kabelwerk der Siemens-Schuckert AG in Berlin-Gartenfeld. Später wurde er Einrichter in der Vorfeilerei des Kabelwerkes. Gleich 1933 wurde Hampel Mitglied der *Deutschen Arbeitsfront (DAF),* dem Einheitsverband aus Arbeitnehmern und Arbeitgebern, rund ein Jahr später sogar sogenannter Blockwalter, auch Blockwart genannt. Hampels Hauptaufgabe in dieser Funktion bestand darin, seine Rolle als Propagandist der nationalsozialistischen Ideologie möglichst perfekt auszufüllen. Dazu musste er ein Vorbild sein, mit seiner ganzen Lebenshaltung und Einstellung, ein echter Vorzeige-Nationalsozialist. Auch hatte er Juden und sogenannte Judenfreunde zu melden. In diesem Zusammenhang war es seine Pflicht, dass die schikanösen Vorschriften für Juden, wie beispielsweise die, kein Haustier halten zu dürfen, eingehalten wurden. Er musste Beiträge für NS-Organisationen wie das *Winterhilfswerk* und für

Wohlfahrtsaktionen wie den *Eintopfsonntag* kassieren. Später, während des Kriegs, war er für die Verteilung der Lebensmittelkarten und für die Einhaltung der Verdunklung bei Bombenangriffen zuständig. Der Blockwart sorgte im wahrsten Sinne des Wortes für die Durchsetzung der nationalsozialistischen Ideologie an unterster Front. Hampel war einer von 200 000 Blockwaltern in Deutschland. Aber ob Otto Hermann Hampel wirklich fasziniert von den Nationalsozialisten war, begeistert mitmachte oder sich als Zukurzgekommener endlich engagieren konnte und zu Höherem griff, ist schwer auszumachen.

Genau wie Otto Hermann Hampel war auch Elise Martha Lemme ohne Berufsausbildung. Sie arbeitete als Hausmädchen bei verschiedenen Familien und verdingte sich nebenbei noch mit kleineren Hilfsarbeiten. Ein Jahr bevor sie und Otto Hermann Hampel heirateten, trat sie in die NS-Frauenschaft ein und wurde Zellenwalterin. War sie eine Nationalsozialistin? Offiziell auf jeden Fall. Aber war sie – zumindest phasenweise – auch überzeugt von dem, was sie tat?

Am 23. Januar 1937 heirateten die beiden. Ganz jung waren sie nicht mehr. Das Hochzeitsbild zeigt sie ganz in Weiß gekleidet mit langem Schleier und ihn im eleganten, streng sitzenden Frack mit Zylinder und weißen Handschuhen. Sie sehen gefasst und erwartungsvoll in ihre Zukunft. Was mögen sie erwartet haben? Sicher ist es nicht falsch, von zwei kleinen Aufsteigern zu sprechen. Hans Fallada sah in Otto Hermann Hampels Gesicht, wie er in seinem Beitrag für den »Aufbau« schrieb, vor allem »etwas Erbarmungsloses«, doch weiß er auch: »Fanatisches liegt in diesem Mund, freilich läßt die flüchtige Stirn auf nicht erhebliche geistige Fähigkeiten schließen«.

Die Qualifikation, die beide für ein vielversprechenderes Berufsleben gebraucht hätten, hatten sie erreicht: Sie waren Arbeiter, die sich bewusst bürgerlich gaben, und ihr Leben im nationalsozialistischen Deutschland leben wollten. Auch das Gruppenfoto von der Hochzeit zeigt eine selbstbewusste, gutbürgerliche Familie.

Der tiefe Einschnitt in dieses zusammengefügte Glück erfolgte erst, als Elises Bruder Kurt Lemme am 5. Juni 1940 als Panzersoldat an der Westfront bei Amiens fiel. Die Stadt mit der schönen, gotischen Kathedrale lag an der Somme. Eben genau dort an der Westfront, wo Johann Reichhart

23 Jahre zuvor als Soldat verschüttet worden war. Kurt Lemme wurde nur 26 Jahre alt. Er war Elise Hampels jüngster Bruder – elf Jahre jünger als sie.

Der Schock über diesen Tod saß tief. Elise war über Wochen wie gelähmt. Das war schon fast eine Trauer, die man eher für ein eigenes Kind empfinden kann. Aber vielleicht war Kurt für sie gefühlsmäßig wie ein Sohn? In *Jeder stirbt für sich allein* wird aus Elises Bruder der Sohn des Ehepaares Quangel.

Diese nicht enden wollende Trauer brauchte einen Ausbruch und der kam zwei Monate später. Es war eine Aktion gegen die eigene Sprachlosigkeit: Am 2. September 1940 wurde gegen 19.30 Uhr in der Berliner Müllerstraße 174 eine Postkarte gefunden – die erste von vielen weiteren des Ehepaars Hampel, mit denen sie sich vehement gegen die Eroberungspolitik Hitlers wandten. Wie später aus den Listen der Gestapo hervorgehen wird, sind die Auffindeorte der Postkarten immer auch fußläufig von der Wohnung der Hampels in der Amsterdamer Straße 10 erreichbar. Es war ein unbeholfener Protest, naiv und fast kindisch. Willkürlich wie der Staat, gegen den er sich richtete.

Doch Hans Fallada, der kluge Alltagspsychologe, sah diesen Widerstand in einem psychologischen Zusammenhang: »Der eine Grund zur Empörung ist also der verletzte Gerechtigkeitssinn der beiden, der andere, der dann wohl die Entscheidung herbeigeführt hat, ist der Tod des Bruders der Frau in Frankreich. […] Diesen Beweggrund glaube ich der Frau wohl, dem Manne weniger. Ihm, der sich kaum um die eigenen Verwandten, um die Eltern kümmerte, wird der Tod des Schwagers nicht sehr nahe gegangen sein. Erst auf dem Umweg über die wirklich trauernde Frau hatte er mitgetrauert, hat das nutzlos dahinter geopferte junge Leben bedacht, und aus stillem, langem Zweifel ist Empörung und Feindschaft geworden.«

Die Karten wurden von Hampels auf Treppenabsätze und in Hauseingänge gelegt. Geschrieben mit einer ungelenkigen Blockschrift, damit sie nicht auf ihren Urheber schließen lassen konnten. Sie waren fehlerhaft und lesen sich im Ausdruck verkrampft, fast könnte man meinen, sie wären Sprachbilder der Propaganda – jetzt genutzt für eigene Zwecke. Da hieß es beispielsweise auf einer Karte: »Nieder mit der Hitler Regierung! Nieder mit dem Zwangs Elends Dicktat in unser Deutschland!«

Gleichzeitig appellierten die Postkarten an den oder die Finder, sich endlich gemeinschaftlich zu solidarisieren: »Alle helfen mit der Verbrecherischen Kriegs-Maschine ein Ende zubereiten!!! Wir müssen uns zur Wehr setzen!!!« Oder wie Fallada bemerkte: »Da regte es sich in ihnen, dass, was sie erfahren, auch den anderen mitzuteilen, Gesinnungsgenossen zu gewinnen, dem Feinde Schwierigkeiten zu machen. Bei wem zuerst der Gedanke entstanden ist, sie wussten später selbst nicht mehr, genug, eines sonntags setzt er sich hin [...].«

Die insgesamt 192 aufgefundenen Karten und Blätter und ein Kartenbündel sind von Textlänge und Inhalt sehr unterschiedlich. Otto Hampel dichtete sogar, voller Rechtschreibfehler, wie hier zu lesen:

»Hitler hatt keine Frau,
Der Schlächter keine Sau.
Der Bäcker keinen Teich!
Dass ist dass dritte Reich.
Hitlers Gewalt vor Recht
Bringt uns deutsches Volk keinen Frieden!
Nieder mit der Hitler Bande«

Unübersehbar glaubten die Hampels an ihre Mission. Bereits in der zweiten Karte vom 13. September 1940, die in der Dubliner Straße 2 im Nordberliner Wedding aufgefunden wurde, hieß es unter anderem in etwas radebrechendem Deutsch: »Deutsche past auf! Lasst Euch nicht Dicktatorisch unter kriegen was sind wir noch! Dass Stumme Vieh! [...] Nein eine brutale Vernichtung wird von unserer Regierung geführt, wir werden es genau so verspüren wir alle anderen Staaten es ist nicht mehr ehrlich wenn Göring schwersten Kalieber auf Arbeiter fallen läst ist doch gleich wo es ist! Nieder mit dem Vernichtungs Sistem!« Unterschrieben ist dieser Appell mit »ein deutscher«.

Immer wieder waren es aber auch ganze Papierbögen, auf denen die Hampels ihre Botschaften ausführten. War das Ehepaar 1940 noch eher zögerlich, wurden sie im folgenden Jahr schon deutlich wagemutiger. Allein im März wurden 32 Postkarten und Blätter aufgefunden. Es gab aber auch immer wieder Pausen. So blieb es zum Beispiel vom 10. Juni bis 31. Juni 1941 ruhig.

In der Folgezeit wurden die Hampels noch mutiger und damit auch unvorsichtiger, mit dramatischen Folgen: Am Nachmittag des 27. September 1942 wurde das Ehepaar dabei beobachtet, wie sie eine Karte in der Eisenacher Straße 122 ablegten. Es folgte eine sofortige Überprüfung von einem Polizeibeamten des 174. Polizeireviers in Berlin-Schöneberg, nachdem eine Gertrud Waschke ihre Beobachtung gemeldet hatte.

Was Hampels zu diesem Zeitpunkt nicht wussten: Bereits am 15. Juli 1942 wurde vom Abwehrbeauftragten von Siemens in Berlin Gartenfeld eine zwei Tage zuvor gefundene Karte an die Gestapo-Leitstelle Berlin in der Burgstraße 28 weitergeleitet. Für die Gestapo war genau das die Stecknadel im Heuhaufen. Von Anfang an hatte sie die Karten der Hampels gesammelt und wusste genau, wo und um welche Uhrzeit eine Karte aufgefunden wurde. Grundsätzlich ging sie wohl davon aus, dass die Karten nicht lange unentdeckt blieben. Längst durchforsteten die Gestapo-Beamten die Schichtpläne – seit 1941.

Einen Monat später, am Morgen des 20. Oktober 1942, wurde Otto Hermann Hampel verhaftet. Gegen Mittag schließlich seine Frau Elise. Zehn Tage später wurde der offizielle Haftbefehl gegen die Eheleute, die in Untersuchungshaft saßen, rechtswirksam. Am 22. Januuar 1943, exakt einen Monat, bevor die Geschwister Scholl in München zum Tod verurteilt wurden, begann morgens um 9 Uhr im Volksgerichtshof in Berlin, Bellevuestraße 15, 2. Senat, Saal 2 der Prozess gegen das Ehepaar unter Volksgerichtsrat Dr. Günther Löhmann (1886–1972).

Nach rund drei Stunden war alles vorbei. Die Hinrichtung von Otto und Elise Hampel durch Johann Reichhart erfolgte am 8. April 1943. Zuerst wurde Otto Hermann Hampel um 19.18 Uhr enthauptet, zwei Minuten später das Todesurteil gegen Elise Martha Hampel vollstreckt. Für diese Enthauptungsdienstleistung stellte Johann Reichhart 120 RM in Rechnung. Die beiden Leichname der Hampels wurden Lehrmaterial für angehende Mediziner.

Johann Reichhart sollte in den folgenden zwei Kriegsjahren noch Hunderten von Menschen das Leben durch Enthauptung nehmen. Für ihn ging die Arbeit einfach weiter, die Hampels waren zwei von vielen. Es ist fraglich, ob er überhaupt die Auswirkungen seiner Vollstreckertätigkeit, mit der das Ehepaar zu literarischen Figuren wurde, je erfahren hat.

Für den Auschwitz-Überlebenden Primo Levi (1919–1987) ist der Roman *Jeder stirbt für sich allein* das beste Buch, das über den deutschen Widerstand gegen die Nationalsozialisten geschrieben wurde. Und das von einem Autor, der nicht ins Exil gegangen war und nicht zur sogenannten »inneren Emigration« gehört hatte, sondern ein hochversierter Unterhaltungsnovellist geblieben war.

Dem Henker geweiht

Vermutlich ein letztes Mal köpfte Johann Reichhart für die NS-Diktatur Ende März 1945. Es war kein politischer Häftling, an dem die Todesstrafe vollzogen wurde, sondern ein normaler »Gewohnheitsverbrecher« wie Pfarrer Karl Alt in seinen Erinnerungen zu berichten wusste: »Er war lange auf See gefahren, hatte sich vor Jahren seine Haut tätowieren lassen. Als man ihm vor dem letzten Gang das Hemd am Nacken aufschlitzte, standen dort die Worte eintätowiert: ›Dem Henker geweiht‹. Was einst in frevlem Übermut angebracht wurde, hat sich tatsächlich erfüllt; das Fallbeil fiel auf diese Inschrift!«

Am Freitag, dem 13. April 1945, wurde in Stadelheim die Guillotine demontiert. Gewissermaßen eintätowiert blieb in das Wesen Johann Reichharts seine Profession. Er war dem Hinrichten geweiht – das dachte er selbst von sich. Wenn er glaubte, für seine Vollstreckung der Todesurteile jetzt belangt zu werden, so hatte er sich fürs Erste getäuscht. Fast auf den Tag genau ein Jahr später sollte Johann Reichhart einen neuen Arbeitsvertrag als Henker unterschreiben. Doch jetzt musste er sich erst einmal fragen, was aus ihm werden sollte.

Ende und Anfang

München lag in Schutt und Asche, als die US-Streitkräfte am 30. April 1945 in die Stadt einmarschierten – just an jenem Tag, als sich Adolf Hitler in Berlin das Leben nahm. Die »Hauptstadt der Bewegung« war gelähmt: Rund 90 % der Altstadt waren vollkommen zerstört, der Zerstörungsgrad im gesamten Stadtgebiet lag bei rund 50 %. 300 000 Menschen waren faktisch obdachlos geworden, weil 81 500 Wohnungen bis zur Unbewohnbarkeit zerstört worden waren. Mit insgesamt 450 Luftminen, 61 000 Sprengbomben, 142 000 Brandbomben und mehr als 3,3 Millionen Stabbrandbomben hatte kontinuierlich ein Inferno das nächste in der Landeshauptstadt gejagt.

Auch Johann Reichhart war am Ende, als er von US-Militärs in Deisenhofen abgeholt wurde. Aber es war tatsächlich nicht sein Ende, sondern ein neuer Anfang – wieder einmal. Schnell war klar, dieser Könner seines Fachs sollte auch für die amerikanische Militärjustiz hinrichten. Dort wartete eine Menge Arbeit auf ihn.

Wieder im Dienst

Ausgerechnet im Gefängnis Landsberg, in dem schon der Eisner-Mörder Graf Arco und der damalige Putschist Adolf Hitler und weitere seiner Gesinnungsgenossen einsaßen, in dem Hitler den ersten Teil von *Mein Kampf* diktierte, begann im November 1945 Johann Reichhart als Henker nationalsozialistische Kriegsverbrecher hinzurichten. In Landsberg wurde nicht geköpft, sondern, wie von der US-Militärjustiz gewünscht, gehängt – und zwar nach Reichharts bevorzugter Methode des sogenannten Long Drop. Das war eine Erhängungsart, die Reichhart geeigneter fand als die normale. Im Normalfall betrug die Fallhöhe zwischen 1,20 und 1,80 Meter.

Beim Long Drop, der 1872 vom britischen Henker William Marwood, über den es den kleinen, raffinierten Reim »If Pa killed Ma / Who'd kill Pa? / Marwood« gab, entwickelt und das erste Mal ausprobiert wurde, wurde die Länge des Seils anhand der Körpergröße und des Gewichts bestimmt, damit dem Delinquenten nur das Genick gebrochen und nicht womöglich der ganze Kopf abgerissen wurde.

Nicht ganz ein Jahr vor Vollstreckung der elf Todesurteile am 16. Oktober 1946 gegen die im Nürnberger Prozess verurteilten Kriegsverbrecher richtete Reichhart in Landsberg vergleichbar kleine Fische hin. Das lag sicher auch daran, dass die Rechtslage, Indizien und die Beweislage längst nicht so komplex waren wie bei den Hauptkriegsverbrechern.

Am 10. Dezember 1945 hängte er beispielsweise den 46-jährigen NSDAP-Kreisleiter Franz Strasser. Fast auf den Tag genau ein Jahr zuvor hatte dieser zwei von fünf Bordmitgliedern eines zur Landung gezwungenen US-Bombers erschossen. Die Männer hatten sich ergeben und waren bereits auf dem Weg in ein Gefangenenlager. Gegen die Planung eines Angriffskriegs und eines industriell organisierten Völkermordes schien dieser Vorfall geradezu eine Bagatelle zu sein. Aber dieser sogenannte Fliegermord war kein Einzelfall. Allein in Dachau, auf dem ehemaligen Gelände des Konzentrationslagers, das nach Kriegsende als Internierungslager genutzt wurde, wurden nach der deutschen Kapitulation rund 200 Verfahren wegen solcher Fliegermorde vor einem alliierten Militärgericht durchgeführt. Es ging dabei immer um Misshandlung und oft darüber hinaus auch um die Tötung alliierter Piloten, Bordschützen, Navigatoren und anderer Soldaten, die zur Mannschaft eines Bombers gehörten.

Was mit diesen Hinrichtungen in Dachau begann, sollte für Johann Reichhart weitreichende und später fast lebensbedrohliche Folgen haben. Aber davon ahnte er zu diesem Zeitpunkt natürlich nichts. Er richtete jetzt für die Alliierten hin. Henker werden immer gebraucht, meinte er. Das reichte fürs Erste.

Die komplette Absicherung

In Nürnberg fanden seit November 1945 die sogenannten Nürnberger Prozesse statt. Das war eine sonderbare Befreiung – die Befreiung von einer Schuldfrage. Dort saßen die Hauptkriegsverbrecher auf der Anklagebank und relativierten und bestritten, fühlten sich »im Sinne der Anklage nicht schuldig«, wie sie aussagten.

Für viele Deutsche wie Johann Reichhart besaß diese Aussage der NS-Verbrecher eine besondere Magie. Auch sie dürften sich also als »nicht schuldig« betrachten, wenn es um ihre Verstrickungen mit oder durch den Nationalsozialismus ging? Für Johann Reichhart bestand diese Magie aber noch in einem weiteren Sinn: Er durfte nach ihr handeln. Es war jetzt die dritte Staatsform, für die er nun innerhalb von etwas mehr als 20 Jahren hinrichten sollte.

Am 6. April 1946 wurde mit ihm ein *Vertrag über die Verrichtungen des Nachrichters und seiner Gehilfen* geschlossen. Gleich der erste Satz enthielt für Reichhart – wohl unwissentlich – eine moralische Absolution, aber natürlich schrieb man seinen Namen auch an dieser Stelle und weiteren Stellen wieder falsch: »Amtsgerichtsdirektor Leopold als Leiter der Strafvollzugsanstalt des Bayerischen Staatsministeriums der Justiz trifft mit dem Nachrichter Johann Reichart in Deisenhofen mit Genehmigung der Militärregierung in Bayern folgende Vereinbarung.«

Das heißt also, dass die Militärregierung, also das US-Militär, wusste, dass Johann Reichhart Henker war, und sie wussten natürlich auch, für wen er hingerichtet hatte. Gleich mit den ersten vier Paragrafen dieses Vertrags wird überdeutlich, dass er wieder in seiner Scharfrichtertätigkeit angekommen war – vertraglich abgesichert in einem Korsett aus Pflicht und Verpflichtung:

»§ 1: Herr Reichart verpflichtet sich auf Verlangen der Justizbehörden innerhalb des ganzen Gebietes des bayerischen Staates die Todesstrafe durch Enthaupten oder durch Erhängen zu vollziehen.

§ 2: Herr Reichhart muss jederzeit zur Dienstleistung zur Verfügung stehen; er ist verpflichtet, die ihm erteilten Aufträge pünktlich auszuführen und den im Zusammenhang mit einem Vollstreckungsauftrag gegebenen Weisungen Folge zu leisten. Sofern er sich länger als 24 Stunden von seinem Wohnort entfernt oder durch Krankheit oder sonstige Umstände an der Dienstleistung verhindert ist, hat er dies dem Staatsministerium der Justiz – Abteilung E sofort anzuzeigen.

§ 3: Herr Reichart wird von den Vollstreckungsbehörden zur Dienstleistung über das Staatsministerium der Justiz angefordert. Die Gehilfen werden durch Herrn Reichart in unauffälliger Weise benachrichtigt.

§ 4: Herr Reichart ist verpflichtet, über die ihm erteilten Vollstreckungsaufträge und deren Erledigung vor und nach der Vollstreckung strengstens Stillschweigen zu bewahren und das gleiche auch seinen Gehilfen zur Pflicht zu machen. Er hat sich ferner vor, bei und nach der Vollstreckung in jeder Beziehung einwandfrei zu verhalten und bei der Hinrichtung in einer dem Ernst der Handlung entsprechenden Kleidung zu erscheinen. Die Justizverwaltung behält sich vor, wegen der Kleidung nähere Anweisung zu erteilen.« Hinzu kommt noch, wie es in Paragraf 6 schnörkellos und unpathetisch heißt, dass »a) vor jeder Hinrichtung das Gerät auf seine Brauchbarkeit geprüft werden muss und vor allem b) nach jeder Hinrichtung das Richtgerät und den Richtplatz zu säubern und c) den Hingerichteten einzusargen«.

Das war eindeutig. Früher waren die Gehilfen vertraglich zu diesen Tätigkeiten verpflichtet, jetzt war es der Henker selbst. Offenbar ging man zu diesem Zeitpunkt davon aus, dass im neuen Deutschland die Todesstrafe erst einmal erhalten bleiben würde. Denn in Paragraf 12 hieß es: »Sollte Herr Reichhart mit der Justizverwaltung eines anderen deutschen Landes einen weiteren Vertrag als Scharfrichter abschliessen, so vermindert sich die Jahresvergütung um 70 % der mit dem anderen Lande vereinbarten festen Vergütung, während ihm die von dort zu zahlenden Einzelvergütungen für jede Hinrichtung ungekürzt verbleiben. Herr Reichart verpflichtet sich, einen derartigen Vertragsabschluss unverzüglich dem Bayerischen Staatsministerium der Justiz anzuzeigen.«

Am 16. Mai wurde in einer Kassenanweisung festgelegt, dass »Johann Reichhart vom 1. April 1946 monatlich an 250 RM im Voraus bekommt. Das ist die feste Vergütung für Verrichtungen des Nachrichters, die in

Teilbeträgen durch die Oberjustizkasse München, [...] zu zahlen ist.« Nach diesem 16. Mai gab es für Johann Reichhart viel zu tun.

Nichts als ein paar schöne Tage im Mai

Die letzten Maitage 1946 waren ausgesprochen schön. Überhaupt dieser Mai: Frühlingshaft und mit einer Durchschnittstemperatur von 15,8 °C, mehr als zwei Grad wärmer als der langjährige, kühlere Mittelwert. Auf mehreren Filmrollen, die sich von diesen Tagen erhalten haben, schauen amerikanische Soldaten rauchend in die wärmende, schöne Sonne, ein Offizier flirtet mit einer adretten Frau in Uniform, die fast so aussieht wie eine Schauspielerin dieser Zeit, ein Flugzeug landet, Männer werden abgeführt, dann ein Innenhof. Vermutlich sind diese Filme nie in einer Wochenschau verwendet worden. Sie sind gänzlich unbearbeitet, haben auch keine Tonspur. Doch die große Gelassenheit, die eine dieser Filmrollen anfangs zeigt, weicht Szenen, die einen heutigen Zuschauer irritieren müssen. Die Kamera beobachtet aus einiger Entfernung einen Mann bei seiner Arbeit. Über die Köpfe der Soldaten hinweg filmt der Kameramann, wie er einem alten, gütig wirkenden Mann eine schwarze Kapuze über den Kopf zieht, ihm dann ein festes, schweres Seil um den Hals legt und den Knoten überprüft. Ein Geistlicher murmelt noch ein Gebet. Schließlich fällt der Mann durch eine Klappe und wird dadurch erhängt. Der Henker heißt Johann Reichhart, der gerade Dr. Claus Schilling hingerichtet hatte.

Schilling, ein kultivierter Mann, hatte sein Leben der Bekämpfung der Malaria gewidmet. Nach seinem Studium beim berühmten Robert Koch in Berlin war er Tropenarzt geworden und arbeitete ab 1905 als Direktor der tropenmedizinischen Abteilung am Robert-Koch-Institut. Das tat er mehr als 30 Jahre lang. Ab den 1920er-Jahren versuchte er, ein Serum gegen Malaria zu entwickeln und probierte seine ersten Ergebnisse an deutschen und italienischen Psychiatriepatienten aus. Diese Menschenversuche konnte er 1942 dann ungehemmt in einer Forschungsstation im Konzentrationslager Dachau fortsetzen. Sein abnormer Forscherdrang war exzessiv und menschenverachtend. Schilling war da schon über 70 und wurde Blutschilling genannt. Diese Experimente, in denen er über 1000 Häftlinge infizierten Stechmücken aussetzte oder das synthetische Malariamedikament »Boehringer 2516« testete, führte er bis Anfang April 1945 durch. Die ihm für diese Versuche ausgesuchten und zugewiesenen Häftlinge waren anfangs polnische Geistliche und später inhaftierte Italiener und Russen. Rund 30 von ihnen starben sofort. Es wird angenommen, dass bis zu 400 Häftlinge später noch an den Nachwirkungen starben, darunter nach Aussagen des tschechischen katholischen Priesters Bedřich Hoffman 324 katholische Geistliche.

Schilling war einer der Angeklagten im Dachauer Hauptprozess gewesen. In diesem Mammutprozess wurde insgesamt in 3887 Verfahren ermittelt, davon führten aber nur 489 zu einer Anklage. Insgesamt 426 Personen erhielten ein Todesurteil, 268 davon wurden in Landsberg gehängt. Weit mehr als die Hälfte dieser Exekutionen führte Johann Reichhart durch. Einer von ihnen war Claus Schilling.

Am gleichen Tag hängte Johann Reichhart auch Engelbert Valentin Niedermeyer. Mit seinen gerade einmal 34 Jahren war er weniger als halb so alt wie Schilling. Der Vater zweier Kinder war dreieinhalb Jahre seines Lebens Blockführer im Konzentrationslager Dachau. Danach arbeitete er im Krematorium und war dort unter anderem verantwortlich für die Leichenverbrennung. In dieser Zeit war er Mitglied eines Kommandos, das rund 4000 sowjetische Kriegsgefangene erschoss. Im Februar 1943 schied er aus dem Lagerdienst aus und wurde an der Front eingesetzt.

Bevor ihn Johann Reichhart hinrichtete, schrieb Niedermeyer noch in einem Abschiedsbrief an seine Frau: »Bleibe Du fröhlich in Deinem Leben, vergiss nicht, dass Du eine deutsche Frau bist [...]. Vergiss nie, dass ich unschuldig gestorben bin. Einmal kommt der Tag, wo sich unsere Unschuld rächt, darauf kannst Du Dich verlassen [...]. In der Hoffnung auf eine bessere Zukunft sterbe ich für Euch und somit für Deutschland und sage euch lebt Wohl.«

Aber in diesem Hinrichtungsmarathon, in dem Johann Reichhart auch physisch sehr gefordert war, richtete der Mann, der bei der Arbeit schwarzen Anzug und Fliege trug, auch den Blockführer des Konzentrationslagers Dachau, Simon Kiern, hin. Dieser hatte einen selbst für die SS äußerst ungewöhnlichen Lebenslauf hinter sich. War er noch Ende der 1920er-Jahre Sozialdemokrat gewesen, so schwenkte er dann als Angehöriger der Reichswehr und später der Wehrmacht um. Ab 1937 war er bei der SS und erstmals in Dachau eingesetzt. Nach anderen Verwendungen in der Tschechoslowakei zeichnete er schließlich bis Dezember 1942 für die Briefzensur im Konzentrationslager Dachau verantwortlich. Danach wurde er selbst Häftling: Als er aus einem Brief zehn Zigaretten stahl, wurde er für sechs Wochen im Dachauer Lagergefängnis inhaftiert. Als Mitglied der berüchtigten Dachauer Aufseher- und Drangsalierungselite, die immer wieder zu Exekutionen und Massentötungen herangezogen wurde, war er nun selbst Gefangener in einem Konzentrationslager. Schließlich verlegte man ihn in das Straflager der SS in Danzig-Matzkau.

Erst am 12. Februar 1945 wurde er als Soldat der Wehrmacht zugeteilt. Nachdem er sich von der Truppe abgesetzt hatte und gestellt worden war, wurde er für einen Tag in Dachau inhaftiert. Im Prozess klagten ihn die alliierten Richter wegen der massenhaften Misshandlung von Häftlingen, der Teilnahme an drei Exekutionen und für die Tötung eines Häftlings an.

Zu den von Johann Reichhart Ende Mai 1946 Exekutierten gehörte auch Martin Gottfried Weiß, der es von einem Wachmann des Konzentrationslagers Dachau schnell zum Lageringenieur gebracht hatte, schließlich Adjutant des Lagerkommandanten wurde und danach über verschiedene Verwendungen und Führungspositionen im Konzentrationslagersystem schließlich am 4. November 1943 zum Kommandanten des berüchtigten Vernichtungslagers Lublin-Majdanek ernannt wurde.

Hängen in Landsberg. Ganz links, fast verdeckt: Johann Reichhart

Einen Tag zuvor hatte sich dort die *Aktion Erntefest* ereignet, bei der über 17 000 Juden einem Massaker zum Opfer fielen. Hintergrund dieser geplanten Massentötung war gewesen, dass man befürchtete, dass die nach der Schlacht von Stalingrad im Januar und Februar 1943 immer instabiler werdende Ostfront auch für Aufstände in den ostpolnischen Konzentrationslagern sorgen könnte. Schließlich war es im April 1943 zum Aufstand im Warschauer Ghetto gekommen. Ob Weiß an diesem 3. November 1943 bereits in Lublin-Majdanek gewesen und sogar federführender Beteiligter der Aktion war, ist nicht sicher geklärt, aber sehr wahrscheinlich. Auf jeden Fall war er in den Tagen danach verantwortlich für die entsprechende Aufräumungsarbeit.

Weiß galt als begabter Organisator, wenn es darum ging, Häftlinge effizient in die Kriegswirtschaft einzubinden oder sie gezielt in Massentötungen zu vernichten. So baute er im Zuge des sogenannten Jägerprogramms ab Ende 1944 für das Außenlager Mühldorf des Konzentrationslagers Dachau zwei unterirdische Fabriken zur Produktion von Jagdflugzeugen. Dieses Unternehmen führte er mit einer ungeheuren Rücksichtslosigkeit durch. Die Luftwaffe brauchte dringend neue Jagdflugzeuge. Immerhin waren in dieser Zeit bereits erste amerikanische Truppen auf deutschem Gebiet im Großraum Aachen eingedrungen und die Rote Armee der Sowjetunion stand bereits kurz vor Ostpreußen. Für die Häftlinge bedeutete das, sie würden nicht durch Gas, sondern durch Arbeit vernichtet werden. Unterernährt und geschwächt konnten sie der Arbeit kaum standhalten oder starben an Flecktyphus. Wer nicht mehr arbeiten konnte, wurde sofort nach Auschwitz zur Vergasung gebracht.

Aber Johann Reichhart hängte am 29. Mai 1946 auch zwei Männer, die eigentlich Häftlinge im Konzentrationslager Dachau gewesen waren: Christof Ludwig Knoll und Fritz Becher – sogenannte Funktionshäftlinge – die neben dem Wachpersonal eine zweite Lagerhierarchie bildeten. Das bot ihnen die Chance, den dauernden Schikanen des Wachpersonals zu entgehen und damit auch unbeschadet aus dem Konzentrationslager entlassen werden zu können.

Knoll wurde nach eigener Aussage bereits im September 1933 als politischer Häftling im Konzentrationslager Dachau interniert. Angeblich weil er Kommunist gewesen ist. Ab Februar 1941 war Knoll als Blockältester jüdischen Häftlingen vorgesetzt, später wurde er auch Blockältester im sogenannten Strafblock. Für seine ungezügelte Brutalität gefürchtet, führte er unter den Häftlingen ein Schreckensregime.

Der spätere israelische Historiker Erich Kulka (1911–1995) erinnerte sich an ein besonders sadistisches Ereignis: »Der Fußboden ist poliert, wir durften überhaupt nicht mit den Schuhen in das Zimmer. Der Knoll hat auf einmal gebrüllt: Los, strafexerzieren auf den Hof! Und der Stubendienst hat mit den Knüppeln geschlagen, und wir mussten schnell laufen [...] und so lief man barfuß hinaus und war voll Dreck. Und dann ist man zurückgekommen und hat selbstverständlich das ganze verdreckt. [...] Ablecken! So lecken wir den Kot mit den Zungen. Und sie haben geprügelt, und einige Leute wurden dabei erschlagen. Das war diese Knoll-Dressur.«

Fritz Becher war ebenfalls Blockältester und in seiner Verwendung als Funktionshäftling im sogenannten Dachauer Pfarrerblock eingesetzt. In dieser Abteilung waren alle Geistlichen zusammengefasst und inhaftiert. Die meisten von ihnen katholisch, gefolgt von Pfarrern evangelischen Glaubens. Sogar zwei muslimische Würdenträger waren unter den Gefangenen. Bei Becher kam es immer wieder zu ungezügelten Exzessen, unfassbaren Strafübungen und sadistischsten Misshandlungen, bei denen mehrere Geistliche starben.

Wie baut man einen guten Galgen?

Durch seine Hinrichtungstätigkeit im Gefängnis Landsberg hatte sich Johann Reichhart bei den amerikanischen Militärs einen exzellenten Ruf erworben. Nichts war schiefgegangen, der Long Drop hatte sich bewährt. Die Nürnberger Prozesse, die am 20. November 1945 begannen, waren inzwischen zu einem weltweiten Medienereignis geworden. Hier saß man nicht nur zu Gericht, um die Hauptkriegsverbrecher einer Strafe zuzuführen, sondern auch, um die unfassbaren Verbrechen in ihrer systematischen, strukturellen Planung und Umsetzung juristisch zu erfassen. Zu der Gruppe der Hauptkriegsverbrecher gehörten hohe Militärs, NS-Politiker und Parteifunktionäre, die, davon ging man von Anfang an aus, für die Vorbereitung und konsequente Durchführung eines Angriffskriegs sowie Verbrechen gegen die Zivilbevölkerung und den Genozid an den Juden verantwortlich waren.

Auch hier tat Johann Reichhart nur das, was von ihm gefordert wurde. Er beaufsichtigte den Bau des Galgens. Als verantwortlicher Henker war nicht er, sondern der Chefhenker der 3. Armee, John C. Woods, und dessen Assistent Joseph Malta vorgesehen. Doch Reichhart wie Woods waren gleich mehrere eklatante Fehler unterlaufen: Zum einen waren die Abmessungen der Falltür zu klein ausgefallen, zum anderen trug Woods als der für die eigentliche Hinrichtung Verantwortliche die Schuld dafür, dass für den Long Drop so relevante Parameter wie Gewicht und Größe nicht berechnet wurden. Durch diese beiden Fehlleistungen zogen sich mehrere der Delinquenten durch den Aufprall auf die Falltür blutige Kopfverletzungen zu und erlitten eben keinen Genickbruch, wie eigentlich erwartet, sondern wären nur langsam erstickt, wenn nicht Malta und Woods sich mit ihrer ganzen Kraft an die baumelnden Beine gehängt hätten, um so den zum Tod Verurteilten das Genick zu brechen, wie kolportiert wird. Johann Reichhart mit seiner großen Erfahrung, seinem Wissen und seiner Gewissenhaftigkeit, aber auch seinen Versagensängsten wäre das wohl nicht passiert.

Sergeant John Clarence (Chris) Woods mit Galgen für Hauptkriegsverbrecher in Nürnberg, 1946

Die lange Suche nach der Schuld

Johann Reichharts Lebenssituation erfuhr 1947 einen neuen absurden Höhepunkt. Zwar hatte er erst vor Kurzem für die US-Armee über 150 nationalsozialistische Kriegsverbrecher hingerichtet, doch nun war man auf ihn aufmerksam geworden. War er nicht vielleicht doch ein Hauptschuldiger und kein Mitläufer, wie seine Klassifizierung aussagte und er alle Welt glauben machen wollte?

Gleich mehrere Anzeigen lagen vor. Nun meldeten sich Bekannte und vermeintliche Freunde zu Wort. Reichharts Vorleben erwachte. Eidesstattliche Versicherungen wurden abgegeben. So sagte ein gewisser Josef Nickel aus: »Ich war als Scharfrichter-Gehilfe bei Reichhart tätig und ich kenne ihn seit Jahren gut. Man weiss in ganz Süddeutschland, dass R. durch die Nazis ein reicher Mann wurde. [...] R. war ein hundertprozentiger Nationalsozialist und trug stolz eine braune NSKK-Uniform.«

Diese Aussage liest sich nicht ohne Schaudern. Einer von Reichharts Gehilfen, der mit ihm zusammen Regimegegner hingerichtet hat, bezichtigte seinen ehemaligen Chef, »ein hundertprozentiger Nationalsozialist gewesen zu sein«. Auch Reichharts Zechereien wirkten sich nun negativ aus. Raimund Klinger, München, Herzogspitalstraße 20: »Ich kenne R. sehr gut als Inhaber des Weinhauses Neuner. Er verkehrte am Stammtisch meines Lokals und wir unterhielten uns oft über Politik. Man konnte aus allen Gesprächen entnehmen, dass er ein dummer und gutgläubiger Nazi war. Er glaubte alles, was ihm Hitler vorlog, und er ging blind durch das Leben. Noch als die Amerikaner kurz vor München standen, glaubte er an Hitlers Sieg.«

Doch am 7. April 1947 gab Klinger das genaue Gegenteil zu Protokoll: »Herrn Hans Reichhart, Nachrichter in München, kenne ich seit den Jahren 1936/37. Er kam des öfteren in unser Lokal, ich habe bei ihm nie die Feststellung machen können, dass er ein wirklicher Nationalsozialist war. Er kam nach wie vor in unser Lokal, trotzdem er wusste, dass ich ein Gegner der Nazis war, er nahm auch nicht Anstoss an meinen Schimpfereien über das Naziregime u. ihren Lumpereien, er pflichtete mir auch des öfteren bei, sodass ich den Eindruck gewann, keinen Nazi vor mir zu haben. In Uniform habe ich Herrn Reichhart bei uns nie gesehen.«

Sechs Wochen später, am 19. Mai 1947, veränderte er erneut seine Aussage, in dem er in einer eidesstattlichen Erklärung zu Protokoll gab: »Ich kenne Reichhart seit dem Jahre 1942 oder 1943. Politisch habe ich mich mit Reichhart nie unterhalten, ich hielt Reichhart für zu dumm, um mich mit ihm in politische Gespräche einzulassen. Er trug stets das Parteiabzeichen und grüsste nur mit ›Heil Hitler‹. Ich war der Ansicht, dass Reichhart auf Grund seiner Äusserungen für das Nazisystem fest an den Sieg geglaubt hat.«

Auch ein anderer Wirt sagte aus: »Ich erfuhr von einem guten Bekannten, dem früheren Scharfrichtergehilfen, Friseur Tonderer, dass R. zu ihm bei der Machtübernahme sagte: ›Wir müssen in die Partei eintreten, denn die NSDAP verschafft uns viel Arbeit.‹ Tonderer teilte mir ferner mit, dass R. als Scharfrichter sehr brutal und menschenunwürdig handelte.« Gemeint ist wohl jener Josef Donderer, den Reichhart wegen seiner Unzuverlässigkeit entlassen hatte, als er Karl Valentin das Enthaupten für eine Kabarettvorführung zeigen wollte.

Schon die ersten Aussagen zeigten Wirkung. Am 21. März 1947 wurde vom Vorsitzenden der Spruchkammer IV, Wagmüllerstraße 12, München, Josef Grassl, ein Festnahmebefehl erlassen. Reichhart »ist dringend verdächtig in die Gruppe I der Hauptschuldigen eingereiht zu werden. Und weiter: Die Festnahme wird angeordnet, weil wegen der Höhe der Sühne Flucht- und Verdunkelungsgefahr besteht«.

Doch Reichhart wehrte sich gegen die Vorwürfe und erhob Widerspruch. Er wusste zu gut, dass seine ganze Existenz auf dem Spiel stand. Am 31. März 1947 erklärte er vor der Spruchkammer IV: »Ich war nur einfacher NSKK-Mann und hatte keine Pistole.«

Aber damit ließ es Reichhart nicht bewenden. Er wollte glaubhaft versichern, dass er wirklich in allen Punkten unschuldig war. Er habe nur seine Pflicht getan. Er sei ein Diener des Staates gewesen. Immerhin hatte er ja tatsächlich ein Jahr zuvor erneut eine Anstellung als Scharfrichter gefunden. Im November 1945 wurden sogar noch seine Enthauptungstätigkeiten für das Frühjahr 1945 vergütet. Ordnung muss sein. Getane Arbeit ist getane Arbeit.

Längst waren in Deutschland die vielfältigen Gräuel, die in den Konzentrations- und Vernichtungslagern begangen wurden, bekannt. In vielen Wochenschauen sahen die Kinobesucher bereits die bis zur Unkenntlichkeit ausgemergelten Überlebenden, die Verbrennungsöfen und die Leichenberge. Sie wussten von der systematischen Judenvernichtung und Menschenversuchen, den Massentötungen von Behinderten.

Auch der Nürnberger Prozess gegen die Hauptkriegsverbrecher im Jahr zuvor war ein Medienereignis gewesen, auf das die Welt schaute. Jetzt brauchte es eine Strategie, die nicht kleinteilig war, sondern ihn als den sauberen Mann dastehen ließ, der zwar NSDAP-Mitglied und Henker war, aber in allem immer Mensch geblieben ist. So teilt er der Spruchkammer ferner mit: »In der Judenfrage habe ich mich nie gegen die Juden geäussert. [...] Als Beweis für meine judenfreundliche Haltung überreiche ich Ihnen eine eidesstattliche Versicherung von Frau Eva Mathes. Ferner übergebe ich dazu den Schriftsatz der Klägerin von Hugo Israel Rotschild vom 2.1. und 2.2.40, ferner einen Schriftsatz vom 22.1.40 und vom 5.12.39 – Ferner übergebe ich eine eidesstattliche Versicherung von dem Volljuden Danzinger vom 20.3.47.«

Dass er ein besonders blutrünstiger Henker gewesen sei, wies er weit von sich: »Hinsichtlich der brutalen, menschenunwürdigen Behandlung ersuche ich um Vernehmung der Beamten und Geistlichen.« Reichhart vergaß nicht, darauf hinzuweisen, dass Vollstreckungsstaatsanwalt Walter Roemer, auf dessen Anweisung er seit 1940 in Stadelheim hinrichtete, jetzt schließlich Ministerialrat im Justizministerium sei. Das war ein geschickter Schachzug – aber würde er ihm etwas nützen? Konnte ihm seine Mitgliedschaft im Spartakusbund etwas nützen? Konnte ein kriegstraumatisierter Kommunist später ein echter Nationalsozialist werden? Johann Reichhart baute fraglos darauf: »Über meine frühere politische Einstellung übergebe ich Ihnen eine eidesstattliche Erklärung von Max Bey vom 15.3.47 in welcher meine Tätigkeit im Spartakusbund dargelegt wird.«

Dass er zwar Parteimitglied der NSDAP war, aber eher aus opportunistischen Gründen, versuchte er dahingehend zu erklären, dass er »als Gehilfen [...] möglichst kein Pg's [Parteigenosse der NSDAP] genommen habe«. Das alles aber nützte Reichhart nichts. Am 31. März 1947 gab es einen erneuten Festnahmebefehl: »Gemäß Artikel 40 [nach Gesetz vom 5. März 1946 zur Befreiung von Nationalsozialismus und Militarismus] ordne ich an, daß der Genannte festgenommen und in das Internierungslager Moosburg unverzüglich eingeliefert wird.«

Doch bevor Johann Reichhart ins oberbayerische Moosburg überstellt und unter der Internierungsnummer 18597A erfasst wurde, stellten bereits am 2. April 1947 die Rechtsanwälte Dr. Robert Bandorf und Dr. Hanns Baumann II, Frankenstraße 5/1, München-Obermenzing, den Antrag, »Reichart [sic!] aus der Haft [zu] entlassen«. Auch seine Anwälte schrieben – wie fast alle – Johann Reichharts Namen falsch. Doch sie verwahrten sich energisch gegen den Vorwurf möglicher Verdunkelungs- und Fluchtgefahr, denn schließlich war Reichhart »am 31. März 1947 erneut vom Vorsitzenden der Spruchkammer IV einvernommen worden und hat einwandfreie Erklärungen abgegeben und Beweise angeboten. Es besteht keinerlei Verdunkelungsgefahr. Aber auch die bisher ihm zur Last gelegten Umstände gehen auf Angaben von Personen zurück, deren Glaubwürdigkeit zu mindesten sehr zweifelhaft ist, sodass nach seiner formellen Belastung niemals mit einer Einstufung als Hauptschuldiger gerechnet werden kann.«

Doch der Einspruch verhallte. Am 5. April 1947 wurde Johann Reichhart ins Internierungs- und Arbeitslager Moosburg eingeliefert. Er erhielt die Lagernummer 18597A. Es war das sogenannte Civilian Internment Camp No. 6, in dem bis zu 12000 Gefangene auf Vernehmungen der Prozesse warten. Hier wurden die Führungskräfte der NS-Organisationen, Konzentrationslagerpersonal und Kriegsverbrecher unter Arrest gestellt. Kurz gesagt: Es waren auch die Kameraden jener SS-Angehörigen, die Reichhart ein gutes Jahr zuvor in Landsberg gehängt hatte. Seinen Anwälten gelang es nicht, Reichhart gerade dieses Internierungs- und Arbeitslager zu ersparen.

Zuvor war auf diesem Gelände das berüchtigte Kriegsgefangenen-Mannschafts-Stammlager VII A, auch kurz Stalag VII A genannt, untergebracht gewesen. Ab Herbst 1939 waren hier bis zu 80000 Kriegsgefangene – darunter Franzosen, Engländer, Amerikaner, Russen und Polen – interniert, während Moosburg selbst zu dieser Zeit rund 5000 Einwohner hatte. Unter den Gefangenen waren allein 200 Generäle sowie viele westalliierte Mannschaften von abgeschossenen Bombern. Die Gefangenen wurden unter anderem in Industriebetrieben der Umgebung untergebracht. Die Bewachung der Gefangenen erfolgte durch rund 2000 deutsche Soldaten des 512. Landesschützen-Bataillons. In diesem besonderen Lager, das im Sommer 1946 von den US-Streitkräften den Deutschen übergeben wurde und nun unter deren Regie geführt wurde, wurde Reichhart geschnitten. Man drohte ihm Gewalt an. Am 15. April 1947 beschloss der Kassationshof im Bayerischen Staatsministerium für Sonderaufgaben sogar, »den Betroffenen nicht aus der Haft zu entlassen«.

Auch Ämter und Behörden wurden nach Johann Reichhart befragt. So teilte das Arbeitsamt München mit: »Über politische Zugehörigkeit keine Angaben vorliegend. V. 1926 bis 1928 Vertreter b. Buchverleger Gauting. Ab 1928 bis 1930 Werbleiter bei verschiedenen Arbeitgebern. Ab 1930 bis 1931 Selbst. B. Fa. Holland, Heil-Apparate. Anschließend Nachrichter beim Ministerium d. Justiz, jedoch ohne Zeitangabe d. Tätigkeitsdauer.«

Aber es war nicht nur Reichharts Tätigkeit als Scharfrichter, die bewertet wurde. Es war auch seine Moral als Privatmann. Der Amtsvormundschaft des Kreisjugendamts München-Land lag folgende Stellungnahme eines ungenannten Informanten vor: »Er verliess seine Frau und 4 unmündige Kinder und lebt jetzt mit einem gewissen Fräulein Wagner zusammen, von der er auch ein Kind hat. Trotz seiner langen Parteimitgliedschaft und seiner bekannten und berüchtigten Nazi-Einstellung gibt Reichhart jetzt vor, nur ein ›gewöhnlicher Durchschnittsnazi‹ gewesen zu sein. Der Informant bestätigt, dass Reichhart bereits seit 1931 Parteimitglied gewesen ist. Ausserdem war er im NSKK und Blockwalter der Ortsgruppe München-AU.«

Immer wieder wurde Reichharts Leben durchleuchtet. Ein unbedeutender, ungläubiger Nazi? »Der Zeuge Otto D e c k e r gibt über Reichhart, der ihm seit vielen Jahren bekannt ist, folgendes an: Vor 1933 hatte Reichhart als Scharfrichter Bayerns nur wenig zu tun, sodass er hauptsächlich seinem Berufe als Vertreter für Hochfrequenzapparate nachging. Dieses Geschäft betrieb er vorwiegend in Holland. Dort stellte er sogar seinen Privatwagen zum kostenlosen Transport von Deutschen zur Verfügung, die für die Wahlen Hitlers nach Deutschland fahren wollten.«

Dem widersprach Reichhart vehement. Am 19. Mai 1947 gab Anton Maier, in Stadelheim neben Karl Alt ebenfalls Gefängnispfarrer, der nur etwas hochmütig auf sein im Jahr zuvor erschienenes Buch *Todeskandidaten* verwies, eine eidesstattliche Versicherung ab, die sich vor allem mit der Hinrichtungsart beschäftigte: Reichhart habe sich seines Wissens so geäußert, »dass er dem Innenministerium bezüglich der Art des Erhängens einen anderen Vorschlag gemacht habe, durch die eine weit mildere Todesart herbeigeführt werde. Nach dem Vorschlag des Innenministeriums trat der Tod erst nach ca. 18 Minuten ein. Reichhart äusserte, dass diese Art eine Schweinerei sei. Er hat sich auch geäussert über die vielen Hinrichtungen, dass er das nicht mehr wolle und auch nicht mehr könne. Daraus habe ich geschlossen, dass er nicht so blutrünstig war und die vielen Hinrichtungen billige. [...] Reichhart äusserte dann auch, die schnellste Art der Hinrichtung sei das Köpfen.« Machte das Reichhart zu einem humanen Henker?

Dazu passte jedenfalls die Aussage seines ehemaligen Gehilfen Josef Eichinger allzu perfekt, der über Reichhart am 20. Mai 1947 aussagte: »[...] obwohl ich damals nicht Pg. war, hat mich Herr Reichhart ohne weiteres eingestellt. Besonders betonen möchte ich, dass uns H. Reichhart bei den Diensthandlungen stets zu korrektem und menschlichem Verhalten der Delinquenten gegenüber angehalten hat, was auch befolgt wurde. [...] So ist mir unter anderem bekannt, dass sich Herr Reichhart dafür einsetzte, dass den Delinquenten ein Kruzifix in dementsprechender Weise angemacht wurde, obwohl er dadurch Unannehmlichkeiten hatte.«

Das war sie wieder, die Figur des gläubigen Henkers Johann Reichhart. Aber auch das nützte Reichhart nichts, der ja offiziell immer noch als Scharfrichter einen Vertrag mit Bayern hatte. Am 29. Mai 1947 wurde gegen Johann Reichhart Beschäftigungsverbot und Gehaltssperre angeordnet.

Das war reichlich absurd, aber die einen Tag später abgefasste Erklärung eines gewissen Max Reisig, Verwaltungsangestellter und nach eigener Aussage ein entfernter Bekannter Reichharts, war noch absurder. Er erklärte allen Ernstes: »Einige Wochen vor dem Zusammenbruch kam ich mit Reichhart ins Gespräch. Ich vertrat den Standpunkt, dass der Krieg verloren sei. Darauf erwiderte Reichhart ob ich noch nichts von einer Atombombe gehört habe. Diese vernichte alles Eisen und Stahl.« Einen Widerspruch zu dieser Aussage formulierten Reichharts Anwälte aus unerfindlichen Gründen nicht. Reichhart nahm sich einen neuen Anwalt. Mit Anwalt Dr. Fritz Kartini kam wieder neuer Schwung ins Verfahren. Er wollte alle Bedenken zerstreuen und brachte die Aussage eines Wilhelm Thaler, für den Reichhart in den 1920er-Jahren als Vertreter tätig gewesen war, ins Spiel: »Naturgemäss kam dabei unsere Unterhaltung sehr oft auf die Partei und die Kriegsführung, wobei Herr Reichhart, entgegen seiner Parteizugehörigkeit, sich über die Verhältnisse ziemlich abfällig äusserte; dabei war er auch fleissiger Schwarzhörer.«

Doch immer, wenn Reichhart in seiner verzweifelten Situation im Lager Moosburg das Gefühl erhielt, er würde bald entlassen, bahnte sich Unheil aufgrund einer neuen Aussage an. So kam auch seine Familie nicht davon. Am 1. Juni 1947 erklärte der Privatier Max Radlmayr, wohnhaft Hans-Mielich-Straße 28, in seiner eidesstattlichen Erklärung ganz klar: »Die Tochter des Reichhart, Lotte Reichhart, wohnhaft Mariahilfplatz 17, erzählte mir einmal, dass sie zu ihrem Vater gesagt hat als Hess damals nach England flog: ›Der Hess spinnt.‹ Daraufhin hat ihr Vater geäussert: ›Wenn Du das nochmal sagst, zeig ich Dich an.‹ In der Unterhaltung hat die Tochter des Reichhart zu mir gesagt: ›Gell, Herr Radlmayr, der Hess spinnt doch.‹ Ich bejahte diese Frage. Die Tochter erwiderte darauf, ›das dürfen wir gar nicht aussprechen, mein Vater spinnt ja auch.‹«

Es sah nicht aus, als ob Reichhart bald entlassen werden würde. Am 11. Juli 1947 verlegte man Johann Reichhart nach einem Selbstmordversuch in das Krankenhaus der Internierungslager Bayerns, Garmisch, Zugspitzstraße. Dieser Suizidversuch – er schnitt sich die Schlagadern an den Handgelenken auf – musste so dilettantisch gewesen sein, dass die Überlebenschance garantiert war. Reichhart sollte sich nie dazu äußern, ob der Suizidversuch wirklich ernst gemeint oder einem logischen Kalkül entsprungen war, sich so aus dieser Internierungssituation zu befreien.

Jetzt wagte Reichharts Anwalt Kartini sogar den großen Unschuldbeweis. Nichts wollte er unversucht lassen, die Ehre seines Mandanten wiederherzustellen. »Seine Erwiderung auf die Klageschrift und zur Vorbereitung des Verhandlungstermins vom 4.8.1947« begann er auch mit einer entsprechenden historischen Vorbemerkung, die den Schluss zulässt, Henker sei ein normales, vielleicht ein bisschen exotisches Berufsbild: »Der Betroffene gehört der Familie Reichart [sic!] an, die schon seit mehr als 200 Jahren, also im Kurfürstentum, Königreich und Freistaat Bayern den Scharfrichterberuf ausübte.«

Reichhart habe übrigens »dieses Amt bis zu seiner Verhaftung vor einigen Monaten ausgeübt, nachdem seine Weiterbeschäftigung als Scharfrichter auch durch die amerikanische Militärregierung genehmigt worden war«.

Kartini ging dann in den Angriffsmodus über, indem er fragte: »Kann einem Scharfrichter zur Last gelegt werden, dass er als Justizangestellter den dienstlichen Anweisungen seiner vorgesetzten Justizdienststellen im Rahmen seiner Berufsausübung, zu der er amtlich bestellt ist, Folge geleistet hat?«

Dumm war die Taktik nicht, entsprach sie doch der gängigen Feststellung, was früher recht gewesen sei, könne heute kein Unrecht sein. Und er führte weiter aus: »Die Verantwortung für den Vollzug von Hinrichtungen kann doch zweifellos nicht denjenigen treffen, der, ohne irgendeinen Einfluss, seinerseits weisungsgemäss auf Grund seines dienstlichen Untergebenenverhältnisses die von den zuständigen staatlichen Behörden angeordneten Hinrichtungen durchführt. Hinzu kommt die weitere schon historisch unumstössliche Feststellung, dass in jedem Staat – gleichgültig, ob dieser die Staatsform der Monarchie, Republik oder Diktatur besitzt –, dessen Rechtsordnung die Todesstrafe kennt und dessen Gerichte diese Todesstrafen vollziehen.«

Für Kartini selbst war die sich daraus ergebende Logik ein unumstößlicher Rechtsgrundsatz: »Es ist völlig abwegig und logisch gänzlich unhaltbar, für die von den staatlichen Gerichten angeordneten Hinrichtungen den Henker verantwortlich zu machen. Die rechtspolitische Absurdität des dahingehenden Vorwurfs der Klageschrift, der in der 2000jährigen Rechtsgeschichte der [...] wohl ein Novum darstellt, liegt klar zu tage, wenn man sich überlegt, dass man einen Menschen doch wohl nur deshalb bestrafen kann, weil er das Gesetz verletzt, nicht aber dafür, dass er dem

Gesetz gehorcht. Es handelt sich bei diesen Überlegungen um solch klarliegende Selbstverständlichkeiten des Rechts – und Gerechtigkeitsempfinden eines jeden Menschen, dass es eigentlich nicht nötig ist, darüber ein Wort zu verlieren.«

Was Kartini zu diesem Zeitpunkt wohl nicht wissen konnte, ihm aber ein gutes Argument geboten hätte, war der bis heute nur wenig untersuchte und in der Öffentlichkeit kaum bekannte Präzedenzfall des Matrosen Rainer Beck (1916–1945), der fünf Tage nach Kriegsende von einem deutschen Kriegsgericht wegen Fahnenflucht zum Tod und mit Zustimmung der Alliierten in Amsterdam hingerichtet worden war. Das hätte vielleicht die Qualität eines Präzedenzfalls gehabt, dass die Alliierten durchaus nicht nur die Rechtssprechung der Nationalsozialisten von Fall zu Fall anerkannten, sondern die Vollstreckung der Strafe sogar unterstützten.

Kartini konterte gegenüber allen denkbar möglichen Einwänden beinahe lapidar: Johann Reichhart »hat sich während seiner ganzen Amtszeit niemals einer psychischen oder physischen Quälerei gegenüber den Delinquenten schuldig gemacht«.

Dennoch reichte Reichhart das offenbar alles nicht. Am 26. Juli 1947 legte Dr. Fritz Kartini »die Vertretung des Betroffenen wegen Unstimmigkeiten über die Art und Weise der Durchführung des in Frage stehenden Spruchverfahrens« nieder. Einen Tag später schrieb Dr. Andreas Kosinzew, Leiter der neurochirurgischen Abteilung im Krankenhaus der Internierungs- und Arbeitslager Bayerns, in seinem fachärztlichen Bericht: »Die stationäre Beobachtung während der Zeit vom 11.7. bis zum 24.7. zeigte, dass der Patient, seinem psychischen Zustand nach, in die Gruppe der Psycho-neuropathen mit einer ausgesprochenen hysterischen Reaktion gehört. […] Durch die psycho-neuropathische Konstitution, mit einer ausgesprochenen hysterischen Reaktion, wurde die posttraumatische Änderung der Psyche begünstigt.«

Das Spruchkammerverfahren lag erst einmal auf Eis. Aber Reichhart, der Angst um sein Vermögen hatte, war ein Trickser und Taktiker. Die Gefahr, dass das Geld endgültig eingezogen wurde, war groß. Noch stand es unter der Verwaltung der Justiz. Aber Reichhart hatte vorgesorgt, als die Amtsvormundschaft des Kreisjugendamtes München-Land am 11. August

1947 seiner Lebensgefährtin »Fräulein Elsa Wagner, Kontoristin, Deisenhofen, Gleisenthal«, schrieb: »Wir ersuchen um Mitteilung, ob der uneheliche Vater Ihres Kindes, der Metzger Johann Reichhart bisher seiner Unterhaltspflicht pünktlich nachgekommen ist und in welcher Höhe, evtl. seit wann nicht, damit gegen ihn vorgegangen werden kann. Wissen Sie, wo und mit welchem Verdienst Reichhart z. Zt. beschäftigt ist?«

Da Reichhart immer noch – wenn auch im Krankenhaus – interniert war und die beiden Liebenden dort offiziell zusammenwohnten, war die Frage in ihrer naiven Unbefangenheit geradezu amüsant. Elsa Wagner gab horrende Beträge an, die Reichhart ihr und dem gemeinsamen Kind schulden würde. Durch die Behörden wurde das alles offenbar nicht überprüft.

In seiner Berufung gegen das am 18. August 1947 gefällte Urteil »Hauptbeschuldigter« der Spruchkammer ließ Reichhart am 6. Februar 1948 über seinen Anwalt erklären: »Er wurde in jedem Falle nur davon verständigt, daß er sich mit seinen Gehilfen zu einem bestimmten Tag und Stunde im Hinrichtungsraum einzufinden habe, irgendwelche Namen wurden ihm dabei nicht genannt. [...] Er hatte weder die Befugnis noch die Möglichkeit zur Nachprüfung der Urteile der erkennenden Gerichte. Ein solcher Wunsch von ihm wäre als Groteske, als Anmaßung oder als ein Zeichen von Begriffsverwirrung angesehen worden. Eine Weigerung, die Vollstreckung vorzunehmen, hätte unvorstellbare Folgen für ihn gehabt. Reichart [sic!] ist nicht anders zu werten als der Leutnant, der ein Erschießungskommando kommandiert, ein Beispiel, das sogar vom Oberrichter J a c k s o n im Nürnberger Prozeß anerkannt wurde.«

Als Hauptbeschuldigter musste Johann Reichhart zehn Jahre in ein Arbeitslager. Er fühlte sich jetzt selbst wie ein Delinquent. Doch er lag weiter in der urologischen Abteilung des Internierten-Krankenhauses, Zugspitzstraße, München. Von dort schrieb er am 13. April 1948 und bat »um Befreiung vom Artikel 40 des Befreiungsgesetzes: Ich bin in der ersten Instanz verurteilt. Eine Verdunkelungsgefahr liegt bei mir nicht vor; ebensowenig Fluchtverdacht. Da ich Vater von 5 Kindern bin und sich mein Gesundheitszustand derart verschlechtert hat, dass ich mich kaum allein an- und ausziehen kann, wäre ein Fluchtversuch, den ich niemals in Erwägung

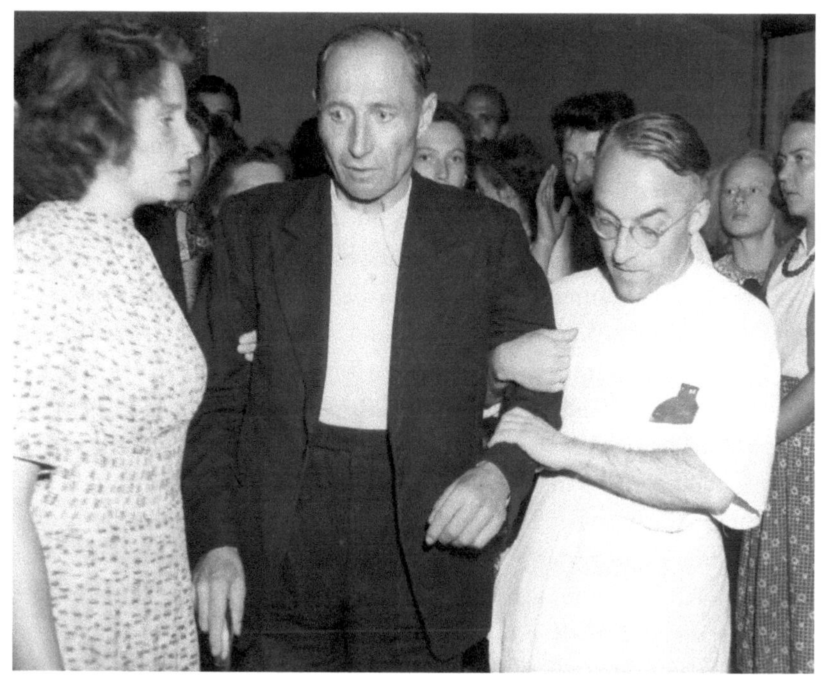

Johann Reichhart als Hauptbeschuldigter

gezogen habe, absurd, sodass also auch jeder Fluchtverdacht unbegründet ist. Ferner stehe ich auch nach wie vor in einem festen Vertragsverhältnis mit dem Bayerischem Justizministerium, welcher von der Militärregierung genehmigt ist. [...] Da mich mein Rechtsanwalt im Stiche gelassen hat und ich mir finanziell keinen weiteren Verteidiger leisten kann, mache ich dieses Gesuch persönlich.«

Reichhart empfand dieses ganze Verfahren als »Schauprozess«, der gegen ihn »aufgezogen« wurde, wie er in einem Brief an Michael Kardinal Faulhaber (1869–1952) ein Jahr später im April 1948 schrieb. Den berühmten Geistlichen, Erzbischof von München und Freising, bat er um Beistand und Intervention. Der Gottesmann sah sich selbst als moralische Instanz, sollte dem Henker aber nie antworten. Reichhart war zu diesem Zeitpunkt bereits rechtskräftig verurteilt.

Er lag noch wegen Prostatahypertrophie im Internisten-Krankenhaus, Thalkirchnerstraße 48, in München, als er den Spruch der Spruchkammer IV am 18. August 1947 übermittelt bekam: »Ohne Männer wie Reichart [sic!] wäre die Gewaltherrschaft der NSDAP überhaupt nicht denkbar gewesen. Allein dieses sein Verhalten rechtfertigt Einreihung in Klasse I mit der Höchstdauer von 10 Jahren Arbeitslager.«

Aber Reichhart ließ nicht locker. Entlassen wurde er aber erst am 11. Oktober 1948 aus dem Internierungs- und Arbeitslager Nürnberg-Langwasser auf Anordnung des Kassationshofes vom 6. Oktober 1948, just an diesem Tag war er aus dem Internierungs- und Arbeitslager Garmisch erst dorthin überstellt worden. Trotz Entlassung ließ Reichhart nicht locker und stellte wieder eine Berufung. Reichhart wollte sich nicht damit abfinden, ein Hauptschuldiger zu sein. Am 29. November 1949 gab die Berufungskammer unter »Aktenzeichen I. Instanz IV / 1800« bekannt: »Auf die Berufung des Betroffenen wird der Spruch der Spruchkammer IV München vom 17.12.1948 dahin abgeändert, daß die Einweisung in ein Arbeitslager auf die Dauer von 1 ½ Jahren ermäßigt wird und durch die verbüßte politische Haft von 1 ½ Jahren als getilgt gilt. Die Vermögenseinziehung wird auf 30 % des Vermögens einschl. der Sachwerte ermäßigt.«

Jetzt musste er die Verbindlichkeiten begleichen. Das schaffte neue Probleme. Am 9. August 1950 teilte Reichhart in einem Einspruch gegen die Verfügung des Kassationshofes mit: »Meine bisherigen juristischen Vertreter konnte ich noch nicht bezahlen und kann mir jetzt zur Begründung meines Einspruchs keinen Rechtsanwalt nehmen, weil ich Fürsorgeempfänger bin. Ich habe nun Tag und Nacht überlegt, was ich noch schreiben soll, um endlich zu meinem Recht zu kommen und wieder endlich zu meinem Menschenrecht zu kommen und in der Demokratie mitzuarbeiten, wie ich es schon vor 1933 getan habe. Ich möchte endlich von der Fürsorge loskommen und mir wieder selber mein Geld verdienen. Daran hindert mich der Spruch des Berufungssenats.« Dabei würde er ja gern Geld verdienen, aber leider wäre er »bis jetzt bettlägerig infolge seines Rheuma-Ischias und Nervenleidens und auch infolge meines Blasenleidens nicht arbeitsfähig«. Ein weiterer Einspruch und ein Gnadengesuch von Reichhart wurden abgelehnt.

Ganz anders als dem Vollstrecker erging es dagegen dem ehemaligen Auftraggeber, Strafvollstreckungsstaatsanwalt Walter Roemer. Im Nürnberger Juristenprozess wurde Roemer 1947 nicht als Angeklagter vernommen, sondern tatsächlich als Zeuge gehört. Dafür hatte er vorgearbeitet. Er hatte der US-Armee Dokumente und Abschiedsbriefe der sogenannten NN-Gefangenen übergeben. Das waren Personen, die gemäß des sogenannten Nacht-und-Nebel-Erlasses vom 7. Dezember 1941 und in der Annahme, sie würden in einer Widerstandsgruppe aktiv sein, nach Deutschland verschleppt und dort heimlich abgeurteilt worden waren oder aber weiter unschuldig in Haft saßen. Ihre Angehörigen wussten über ihren Verbleib nichts.

Vor den Nürnberger Richtern behauptete Roemer sogar, dass er alle Urteile des Volksgerichtshofs gelesen habe und keine Widersprüche zum Völkerrecht habe erkennen können. Im gleichen Atemzug musste er aber zugeben, dass er nicht gerade ein Experte des Völkerrechts gewesen war. Es ist geradezu absurd, dass er als Zeuge offenbar immer noch glaubwürdig war, selbst als er behauptete, ihm sei es später, also nach dem Krieg, ungewöhnlich vorgekommen, dass die Angeklagten des Volksgerichtshofs unter Sondergerichten keinen Verteidiger gehabt hätten. Auch dass keine Zeugen gehört worden seien, war keiner Skepsis wert. Seiner Meinung nach waren die Urteile deshalb schon gerecht, weil in Abschiedsbriefen, die Roemer auch als Zensor lesen musste, nicht ein Wort der Reue gestanden habe.

Alles in allem genügte das, damit er beinahe nahtlos seine Karriere als Jurist fortsetzen konnte. Zwischen 1945 und 1950 beim Bayerischen Staatsministerium der Justiz tätig, wechselte er danach, als Johann Reichhart noch auf eine wie auch immer geartete Gerechtigkeit hoffte, ins Bundesjustizministerium nach Bonn, wo er als Ministerialdirektor ausgerechnet Leiter der für Grund- und Menschenrechte zuständigen Abteilung für öffentliches Recht wurde. Im denkwürdigen Jahr 1968 endete seine Karriere mit dem Erreichen des Pensionsalters. Die Hunderte von Todesurteilen, die er vollstrecken ließ, fielen bei seiner Nachkriegskarriere nicht ins Gewicht. Zwar gab es immer wieder Ermittlungsversuche, aber keiner wurde offenbar mit der Akribie geführt, wie es sich gehört hätte. Spätere

Ermittlungen gegen Roemer, die eigentlich eher den Charakter informativer Gespräche hatten, blieben ergebnislos. Die damalige Bundesregierung erklärte im November 1987: »Roemer hatte keine Möglichkeit, die Vollstreckung solcher Urteile zu verhindern.« Im Bundesjustizministerium jedenfalls wurde er zu seiner Zeit zu einem der einflussreichsten Ministerialbürokraten überhaupt. Der Mann, der unter anderem für die Realisierung der Todesurteile der *Weißen Rose* verantwortlich war, prägte rund 20 Jahre die Geschicke des Justizministeriums an maßgeblicher Stelle.

Selbstmord, Parfums und Hundezucht

Es sind Schmerz und Fassungslosigkeit, die man mit dem Leben Johann Reichharts verbindet. Das gilt wohl auch für seine Familie. Reichharts Sohn Hans hielt diesem Schmerz nicht stand: 1950 erhängte er sich. In den zwei Jahren zuvor hatte er immer wieder den Rechtsanwälten zugearbeitet, hatte für die Kommunikation zwischen Internierungslager und Anwaltskanzlei als Bote gesorgt. Sah er die Bilder vor sich, die er nie im wahren Leben sah? Sah er, wie sein Vater den Sperrhebel betätigte, um einem zum Tod Verurteilten dann auch tatsächlich das Leben zu nehmen?

Für Johann Reichhart ging das Leben weiter. »1949 wurde ich entlassen. Seither lebe ich wieder in Deisenhofen. Zur Zeit beziehe ich im Monat 171 DM Invalidenrente. Ich betreibe nebenbei eine Hundezucht«, erklärte Johann Reichhart 1965. Diese Invalidenrente konnte er aufgrund seiner Verletzungen und Traumatisierungen aus dem Ersten Weltkrieg beziehen. Die Wahrheit ist, dass es ihm nicht gelungen war, für seine Henkertätigkeit eine Rente zu beziehen. Reichhart war allerdings immer davon ausgegangen, dass er als eine Art Staatsbediensteter so etwas wie eine Pension bekommen würde. Das war natürlich nicht der Fall. Er hatte nie ein Angestelltenverhältnis mit dem bayerischen Staat gehabt, sondern war als Henker freiberuflich für den Staat tätig. Seine Personalakte, die sich bis heute erhalten hat, füllen diverse Briefwechsel.

Aber auch der bayerische Freistaat wollte offenbar nicht so richtig mit dem Geld herausrücken, von dem Reichhart glaubte, er schulde es ihm. Am 23. April 1949 erschien darum im Nachrichtenmagazin »Der Spiegel« unter dem treffenden Titel *Mit den Nerven herunter* ein Beitrag über Reichharts Gefühlslage: »Jetzt kämpft er, 56-jährig, um seine Vergütungen, die ihm der bayerische Staat aus dem mit dem Kabinett Högner geschlossenen Anstellungsvertrag als Scharfrichter schuldet. Er hat von 1924 bis 1946 insgesamt dreitausendundzehn Menschen hingerichtet. Johann Reichharts Nerven sind ein wenig herunter.«

Er versuchte es aber auch im gleichen Beitrag mit einer Entmystifizierung seines grausamen, blutigen Handwerks. Er traute offenbar dem Journalisten Erich Helmensdorfer, über den er kurz und knapp sagte: »Der Mann gefiel mir.« Helmensdorfer wurde zu Reichharts Sprachrohr und er räumte gleich mit den ersten Vorurteilen auf, die über Scharfrichter im allgemeinen Umlauf waren: »Geheimnisvolle Gerüchte über Scharfrichter und Exekutionen seien nämlich meistens Erfindung. Zwar habe man in Preußen bis 1937 mit dem Handbeil hingerichtet (er selbst hat das nie getan, wohl aber sein Berufskollege Reindel aus Magdeburg), doch sei es ein ganz gewöhnliches, besonders gehärtetes Schwungbeil gewesen. Keine Spur von Quecksilberfüllung. Es sei auch noch nie jemand ohne Kopf herumgelaufen. Der Körper zucke zwar manchmal beim Fall des Messers, verrate aber sonst kein Leben mehr.«

Johann Reichhart wollte, dass auch die Hinrichtung selbst in dem Licht geschildert werden sollte, so, wie er sie am Ende vielleicht selbst empfunden haben mag: »Nach altem Brauch richtete Johann Reichhart im Gehrock und Zylinder hin, die beiden Gehilfen assistierten im schwarzen Anzug. Seine Delinquenten konnten die Guillotine nie sehen. Sie war stets schwarz verhängt. Erst im letzten Augenblick, wenn der leitende Vollzugsstaatsanwalt das Urteil verlesen und den Verurteilten an den Scharfrichter ausgeliefert hatte, wurde eine Augenbinde umgelegt und der schwarze Vorhang zurückgerissen. Der Geistliche sprach die Stoßgebete, dann wurde vollstreckt.«

Diese Schilderung trifft auf die 1920er- und gerade noch die 1930er-Jahre zu. Als Johann Reichhart quasi im Akkord hinrichtete, ging es nicht mehr so elegant zu. Dass er selbst für die Amerikaner hingerichtet habe, wurde auch in diesem Beitrag mitgeteilt. Sicherlich wollte Reichhart damit zeigen, dass selbst demokratische Systeme nicht auf seine Dienste verzichten konnten: »1945 holten die Amerikaner Johann Reichhart. Er mußte nach dem internationalen Kriegsverbrecherprozeß in Nürnberg die Galgen bauen und dem Henker der US-Armee, Sergeant Wood, zeigen, wie man die Schlinge umlegt.

Die anglo-amerikanische Methode des Hängens hielt Reichhart nächst seiner eigenen, im dritten Reich als zu ›menschlich‹ abgelehnten Galgenkonstruktion, für die humanste. »Der Delinquent muß nur genau in der Mitte der drei Meter hohen Galgenplattform stehen. Die Plattform ist nämlich eine in der Mitte auseinandergehende Falltür, bei der eine der unter Federdruck stehenden Hälften schon zurückschlagen kann, während der Verurteilte noch nicht weit genug gefallen ist. Dann wird der schräg stürzende Delinquent, meist im Gesicht, verletzt.«

Doch Reichhart ließ auch die von ihm empfundene Ungerechtigkeit von Erich Helmensdorfer beklagen: »Als Johann Reichhart 42 Kriegsverbrecher gehängt und die amerikanischen Henker eingearbeitet hatte, wurde er ins Internierungslager gesteckt. Die Entnazifizierungsmaschinerie rollte über ihn weg.« In Wirklichkeit waren es mehr als 150.

Um über die Runden zu kommen, mischte Johann Reichhart jetzt auch Parfums und stellte Seife her. Er war ein gebrochener, misstrauischer Mann. Immer wieder nahm er wohl an Stammtischrunden teil, die ihm als Forum für seine eigenen Rechtfertigungen dienten.

Will Berthold oder die große Rechtfertigung

Im Frühjahr 1958 traf Johann Reichhart den Schriftsteller Will Berthold (1924–2000), der es bereits zu einiger Berühmtheit gebracht hatte. Ein Jahr zuvor war sein Buch *Nachts, wenn der Teufel kam* mit dem damals noch vollkommen unbekannten Schauspieler Mario Adorf verfilmt worden. Durch diese Rolle wurde Adorf über Nacht zum Filmstar und Berthold ein gefragter Autor.

Die Grundlage für den Film war ein sogenannter Tatsachenroman über den Massenmörder Bruno Lüdtke. Dieses Genre hat es in sich: Einerseits basiert die Geschichte auf Tatsachen, andererseits ist sie so spannend geschrieben, dass allein der Begriff Tatsachenroman schon für verkaufte Auflage sorgt. Streng genommen war es mehr Roman als Tatsache. Bertholds Verlag versprach dem Leser jedenfalls – trotz des Themas – »eine geballte Ladung Lesevergnügen«.

Für Johann Reichhart war eine Zusammenarbeit mit Will Berthold, der auch unter dem Pseudonym Stefan Amberg schrieb, gleich zweifach interessant. Zum einen konnte er sein Leben einem ausgewiesenen Autor so offerieren, der es für nachfolgende Generationen so darstellen würde, wie es Reichhart selbst empfand. Ein anderer wichtiger Aspekt war die scheinbare Tatsache, dass er damit aus dem toten Winkel seiner kleinbürgerlichen Existenz kam, um vielleicht auch gesellschaftlich Fuß fassen zu können.

Das Buch erschien aber erst zehn Jahre nach Reichharts Tod. Auf dem Umschlagtitel sehen wir Johann Reichhart mit Zylinder und im Gehrock. Er sieht den Leser mit unmissverständlicher Klarheit entschlossen an, aber Eiseskälte oder Menschenverachtung strahlt dieser Blick nicht aus.

Reichhart hat Berthold wohl die Hinrichtungen seiner berühmtesten Fälle nur eher zögernd und abwartend geschildert, jedenfalls lässt sich das so aus dem Vorwort entnehmen, in dem Berthold den »echten« Reichhart beschreibt, die Vorlage für seine eher literarische Figur im Tatsachenroman. Reichhart war ihm anfangs suspekt: »Das erste Mal sah ich ihn im Vorfrühling des Jahres 1958, auf Wunsch eines Verlegers, der die Erinnerung des Johann Reichhart für ein exemplarisches Zeitdokument hielt. Ich hatte mich lange dagegen gewehrt, mit einem Mann zusammenzutreffen, der über dreitausend Menschen mittels Fallbeil und Strick ›legal‹ vom Leben zum Tode brachte, obwohl ich als früherer Polizeireporter der größten Zeitung Süddeutschlands gegen makabre Begegnung abgehärtet war.«

Es war die Zeit, in der die Diskussion um die Todesstrafe, die eigentlich durch das Grundgesetz abgeschafft worden war, wieder aufflammte: »Es hatten sich in der Tat einige grausame Fälle, besonders an Taxifahrern, gehäuft, und Politiker, selbst Minister, witterten Morgenluft und gingen auf Stimmenfang durch Blutrunst. Sachlicher empfand Will Berthold jedoch die Diskussion zwischen Strafrechtlern: die einen bewiesen, daß die Todesstrafe keine abschreckende Wirkung habe, die anderen konnten unwiderlegt auf eine Reihe von Triebverbrechen hinweisen, die sich nicht ereignet haben würden, wenn man die Täter gleich nach ihrem ersten Verbrechen mit dem Fallbeil aus der Welt geschafft hätte.«

Berthold traf dennoch widerstrebend Johann Reichhart, war aber dann schnell von ihm angetan: »Reichhart kam auf die Minute pünktlich, ein mittelgroßer, hagerer Mann mit kürzeren Haaren und hellen Augen. Ein Gesicht von der Stange, zerklüftet und rundlich, das Gesicht eines Mannes, der im Leben viel mitgemacht haben musste. Er stellte sich halblaut vor, er hatte einen kräftigen Händedruck und ein verlegen-misstrauisches Lächeln, das, sowie er Zutrauen gefasst hatte, einer treuherzig-pfiffigen Miene wich. Er sprach schnell, leicht polternd, im oberbayrischen Dialekt. Vom Typ her glich Reichhart einem ländlichen Handwerker, der in der benachbarten Stadt Arbeit und Auskommen findet.«

Berthold stach aber noch eine Besonderheit ins Auge: »Von allen Männern aus dem Strandgut des Dritten Reiches, die ich kennengelernt hatte – keineswegs wenigen –, war Johann Reichhart, wie sich schon bei unserer ersten Begegnung zeigte, nicht der Schuldigste, wohl aber der Ärmste; er schlug sich in dieser Zeit schlecht und recht durch, mit Haarwasser, Heiligenbildern und Hunden handelnd, die er in Deisenhofen, an Münchens östlichem Stadtrand, züchtete. In seiner Umgebung war er bekannt und – meistens – gemieden. Wenn er sich in einem Wirtshaus an einen Tisch setzte, musste er damit rechnen, daß die Gäste aufstanden und sich einen anderen Platz suchten. Ebenso kam es natürlich auch vor, dass sich Leute um ihn drängten, um sich Schauer des Gruselns zu holen. Sie saßen [um Reichhart] herum wie Zaungäste, die an einer Unfallstelle drängen.«

Berthold bemerkte, dass Johann Reichhart, selbst als er die Speisekarte las, pausenlos redete. »Unangegriffen verteidigt er sich fortgesetzt, unschwer waren aus seinen Wortsuaden die Selbstvorwürfe herauszuhören.« Während des Essens wurde Berthold bewusst, dass der schwarze Anzug, den Reichhart trug, jener Anzug war, den er wohl bei seinen Hinrichtungen in Landsberg getragen hat. Reichhart gab zu: »Ich hab' nur diesen einen.«

Reichhart und Berthold trafen sich nach diesem Essen regelmäßig. Reichhart erzählte, Berthold schrieb mit. »Ich musste erst in mehreren Begegnungen einen Schutzwall von Zorn, Trotz, Schuldgefühl und Selbstverteidigung durchbrechen, bevor er wirklich über das sprach, worauf es ankam«, erinnerte sich Berthold später. Jetzt wagte er ihn sogar zu fragen: »Sie wissen doch, dass unter den von Ihnen Hingerichteten viele Unschuldige waren? Reichhart erwidert darauf: Heute weiß ich das [...] Damals nicht. Es war sicher dumm, aber ich habe dem Staat geglaubt. Der Staat erläßt die Gesetze, und die müssen befolgt werden, nahm ich an, und wenn ich dazu beitrug, dass sie befolgt werden, war es doch kein Verbrechen.«

Er sei der letzte Reichhart gewesen, der eine Todesstrafe vollstreckt habe, erklärte er Berthold. Auf die Frage aber, ob er nunmehr gegen die Todesstrafe sei, schwieg er, »er wollte nicht bejahen, auch nicht verneinen. Er betrachtete das Problem nicht von übergeordneter Warte, sondern aus der Sicht seiner eigenen Misere, seiner Selbstvorwürfe und auch der Mißachtung, die er erleben musste. ›Sollen doch die Richter künftig ihre Drecksarbeit selbst erledigen‹, entgegnete er. ›Dann sind Sie vielleicht auch ... etwas menschlicher.‹«

Als Autor lässt Berthold Reichhart in einen grausamen Tagtraum fallen: »Wenn die Nacht in den Tag übergeht, ist es soweit. Dann kommt der stumme Zug. Die Frauen. Die Männer. Die Schuldigen. Die Unschuldigen. Und ihre toten Augen starren mich aus Wachsgesichtern an, wie damals, als ich den Hebel zog. Einige lächeln. Andere kämpfen verzweifelt gegen das Ende. Die meisten beten. Doch mit dem Amen fällt das Beil. Und während ich die Lippen aufeinanderpresse, höre ich meine Stimme durch das Grauen geistern: ›Das Urteil ist vollstreckt.‹«

Stimmt das? Hat Reichhart es wirklich so geträumt? Kam es ihm so vor? Oder hat hier dichterische Fantasie das zutage gefördert und in Worte gefasst, was Johann Reichhart niemals zu träumen wagte? Konnte er das wirklich so von sich sagen? Auch wenn diese schmerzhafte Träumerei das reine Fantasieprodukt Will Bertholds ist, so gibt sie dennoch einen Hinweis auf das, was Reichhart ein paar Jahre später noch blühen sollte.

Die flüchtigen Schatten der Vergangenheit

Mit dem Inkrafttreten des Grundgesetzes etablierte sich schnell ein westdeutscher Staat. Im Gegensatz zum östlichen Staatsgebilde, das unter dem Namen Deutsche Demokratische Republik firmierte, gab es im Weststaat keine Todesstrafe. Das hatte aber nicht, wie man vielleicht wohlmeinend annehmen könnte, mit Liberalität, Aufklärung oder einem humanistischen Verantwortungsbewusstsein zu tun, sondern mit einer Menschlichkeit, die nicht ohne den übelsten Beigeschmack ist. In Hinterzimmergesprächen kristallisierte sich schnell heraus, dass es vermutlich keine Mehrheit für die Abschaffung geben würde. Dass es überhaupt einen Antrag für die Abschaffung gab, kommt ausgerechnet von Hans-Christoph Seebohm (1903–1967).

Seebohm war nicht irgendwer. Der Mann war von Hause aus Taktiker. Der Diplomingenieur hatte 1932 über *Tektonische Untersuchungen im Gebirgsland zwischen Hannover, Pyrmont und Minden* promoviert. Wie sich allerdings reichsweit die Kräfte verschoben und wie man sie für sich nutzen konnte, bewies er ab 1941, als von ihm die *Egerländer Bergbau AG* mitgegründet wird. Sie fungierte – und dafür wurde sie extra gegründet – als Auffanggesellschaft für arisiertes, jüdisches Eigentum.

Aber als sich die politische Tektonik erneut verschob, war Seebohm wieder dabei – an vorderster Front versteht sich: Gleich 1946 gehörte er dem Niedersächsischen Landtag an, von 1948 bis 1949 dem Parlamentarischen Rat, der das Grundgesetz erarbeitete. Am 6. Dezember 1948 brachte Hans-Christoph Seebohm als Vorsitzender der Deutschen Partei (DP), einer seit 1866 existierenden, rechtsgerichteten Partei, den Vorschlag ein, die Todesstrafe nicht in die neue Verfassung aufzunehmen. Man war mehr als überrascht. Dieser Vorschlag folgte dem einfachen Kalkül, Hauptschuldige und Kriegsverbrecher vor dem Strick zu bewahren. Und das konnte man nur, wenn es die Todesstrafe als Strafe gar nicht erst gab. Mit dieser nationalsozialistischen Elite hatte Seebohm ja noch ein paar Jahre zuvor bestens zusammengearbeitet. Gleichzeitig sollte damit aber auch der Druck erhöht werden, die alliierte Entnazifizierung zu beenden. Zu dieser Zeit war die Verfolgung schuldiger Nationalsozialisten auf westalliierter Seite deutlich erlahmt – der Kalte Krieg und das ohnehin brüchige Verhältnis zu Stalin hatten dafür gesorgt.

Seebohms Antrag wurde jedoch bereits am 18. Januar 1949 im Hauptausschuss abgelehnt. Dass die gänzliche Abschaffung der Todesstrafe dennoch den Weg ins Grundgesetz fand, war dem SPD-Politiker Friedrich Wilhelm Wagner (1894–1971) zu verdanken, der dafür die Mehrheit organisierte.

Später wurde Friedrich Wilhelm Wagner Vizepräsident des Bundesverfassungsgerichts und Seebohm der erste Bundesverkehrsminister. In dieser Funktion gründete er das Kraftfahrt-Bundesamt und das Luftfahrt-Bundesamt. Er war ja schon ein ausgewiesener Experte darin, wie man zähfließenden Verkehr und Stau beseitigt und gleichzeitig zu neuen Höhen aufsteigen kann. Bis heute ist er der deutsche Politiker, der am längsten ununterbrochen einer Bundesregierung angehörte. Wie Johann Reichhart war auch Seebohm der geborene, pflichtbewusste Saisonarbeiter.

Die Todesstrafe als höchste Strafexekution blieb jedoch der Wunschtraum vieler Westdeutscher. »Der Spiegel« berichtete in seiner Ausgabe 44/1964 vom 28. Oktober 1964, dass 1958 noch 75% der Befragten einer Umfrage für die Wiedereinführung der Todesstrafe waren. Als das *Deutsche Institut für Volksumfragen (DIVO)* im Februar 1961 ausgewählte Bundesbürger zur Wiedereinführung der Todesstrafe befragte, befürworteten immerhin noch 63% von ihnen vorbehaltlos die Todesstrafe, 14% wollten sie lediglich auf einzelne Verbrechen angewendet wissen und nur 8% waren strikt dagegen. Auf politischer Ebene sah es auch nicht viel besser aus. 1961 erklärte Hermann Josef Dufhues (1908–1971), damals CDU-Innenminister von Nordrhein-Westfalen, dass man den Mord an Polizisten durchaus mit dem Tod des Täters bestrafen müsse. Beständig gab es auch Unterschriftenaktionen, die für die Wiedereinführung der

Todesstrafe warben. Immer wieder kam es zu solchen Werbeaktionen, besonders nach Morden. In Köln existierte sogar ganz offiziell ein gemeinnütziger Verein zur Wiedereinführung der Todesstrafe e. V.

Einen Höhepunkt erreichte die Diskussion um die Wiedereinführung der Todesstrafe, als im Oktober 1964 der seit rund einem Jahr nicht mehr amtierende Bundeskanzler Konrad Adenauer (1876–1967) sich für deren Wiederaufnahme aussprach. Hintergrund war ein neuerlicher Mord an einem Taxifahrer. Dieses Mal war es einer in der Bundeshauptstadt. Das Opfer: Karl-Heinz Koch, bestialisch mit elf Messerstichen ermordet. Am 1. Oktober 1964 hatte vor dem Bonner Schwurgericht der Prozess begonnen – das schlug bundesweit Wellen und wurde in den Boulevardmedien breitgetreten. Angeklagt waren ein Berliner, der 24-jährige Manfred Tragert und ein Mittäter namens Dino-Dieter Hoffmann. Sie hatten versucht, den Taxifahrer auszurauben. Die Tötung war mit einkalkuliert worden.

Für den ihn untersuchenden Psychiater war Tragert ein »autodidaktisches Genie«, wie »Die Zeit« vom 1. Januar 1965 schrieb, »mit überdurchschnittlichen Kennnissen in Astrologie und Astronomie, Telepathie und Psychologie, Suggestion und Autosuggestion, Atomphysik und Chemie, Kosmologie und Metaphysik.« Harald Tragert sah seinen Bruder nicht ganz so differenziert, für ihn war er einfach nur ein »Spinner«. Aber eben auch ein eiskalter Mörder.

Zur Beerdigung Kochs waren, wie »Der Spiegel« schrieb, »Berufskollegen, kolonnenweise zur Beerdigung aufgefahren« und skandierten »für Taximörder den Tod«. Auch in anderen Städten wie Frankfurt kam es zu Demonstrationen. Für das Magazin »Der Spiegel« war das Anlass, einmal grundsätzlich über die Todesstrafe zu schreiben. Das Titelthema wurde in der besagten Ausgabe von Ende Oktober 1964 auf gleich 17 Seiten ausgebreitet. Die Frage nach der absoluten Schuldfähigkeit eines Angeklagten war eines der Dilemmas, mit denen sich der Beitrag beschäftigte, denn oft genug wurden Unschuldige zum Tod verurteilt.

Das war auch immer wieder das Thema Johann Reichharts in dieser Zeit. Er wurde oft von der Presse angefragt. Inzwischen war er zum Gegner der Todesstrafe geworden. Aber genau das wurde zu einem juristischen Problem. Am 22. November 1964 erschien in der »Neuen Illustrierten«,

Ausgabe 64/47, ein Beitrag über Johann Reichhart, in dem behauptet wird, dass er »auch unschuldige Menschen hingerichtet habe«. Das war eine Vermutung, die er auch schon gegenüber Will Berthold geäußert hatte. Damit stand aber auch erst einmal ein Mordvorwurf im Raum. Oder gab es dafür tatsächlich überprüfbare Urteile?

Am 14. Dezember 1964 wurde von dem Rechts- und Sprachwissenschaftler Heinrich Wolf, Mitglied der »Volkskanzlei, Arbeitsgemeinschaft für bürgerliche Staatsaufsicht und Selbstbestimmung, Nürnberg, Rückertstraße 1«, die Bundesanwaltschaft beim Bundesgerichtshof in Karlsruhe gebeten, strafrechtliche Ermittlungen gegen Reichhart aufzunehmen.

Dieser Brief ist auch typografisch nicht uninteressant: Der Kopf ist in einer Fraktur gesetzt, der Brief selbst mit Schreibmaschine durchgängig klein geschrieben. Die »Volkskanzlei« sieht sich selbst als »politisch und konfessionell neutral und unabhängig«.

Wolf bat in seinem Schreiben um Auskunft über »1. warum bisher nichts gegen reichhart unternommen worden ist 2. ob ihnen auch noch andere hinrichtungen der ns.zeit beteiligte personen bekannt sind 3. was gegen diese bisher unternommen worden ist und 4. mit welchem ergebnis gegen sie ermittelt worden ist.«

Am 17. Dezember 1964 wurde das Schreiben vom Generalbundesanwalt beim Bundesgerichtshof an den zuständigen Oberstaatsanwalt beim Landgericht München II »mit der Bitte um weitere Veranlassung weitergeleitet«.

Am 1. April 1965 kam es zu einer Vernehmung von »Johann Reichhard [sic!], geb. am 29.4.1893 in Wichenbach, Gde. Tiefental a. d. Donau, verheiratet, Metzger, wohnhaft in Deisenhofen b. München, Hinteres Gleisental 18, Tel. 474722«. Wieder wurde der Name falsch geschrieben. Jetzt war der Krieg 20 Jahre vorbei und es war jetzt knapp 18 Jahre her, dass Johann Reichhart das letzte Mal gehängt hatte.

Er wurde nicht nur sehr ausführlich zur Sache vernommen, die Vernehmung, die in einem umfangreichen Protokoll festgehalten ist, liest sich wie der Rechenschaftsbericht eines ganzen Lebens. Reichhart ging auch auf den erwähnten Vorwurf ein, dass er auch Unschuldige hingerichtet habe: »Ich kann mich daran erinnern, daß etwa ab Januar/Februar 1945 mir gänzlich unbekannte Leute hingerichtet worden sind, die dann von

Kriminalern abgeholt worden sind. Ob diese Menschen von Kriminalbeamten gebracht worden sind, weiß ich nicht.«

Ob es sich dabei um verurteilte SS-Männer gehandelt hat, bleibt ungeklärt. Johann Reichhart hatte sie auf jeden Fall nicht hingerichtet. Er verwies in diesem Zusammenhang auch auf die Tatsache, dass er nie ohne die Anweisung durch einen Vollstreckungsstaatsanwalt hingerichtet habe. Dies sei ein Dr. Roemer gewesen. Daran könne er sich noch gut erinnern. Reichhart wusste zu diesem Zeitpunkt nicht, was aus jenem Walter Roemer geworden war, als er zu Protokoll gibt: »Dr. R ö m e r war auch jedesmal als Staatsanwalt mit dabei. Auf die Frage, ob ich gewiß weiß, daß Dr. R ö m e r dabei war, kann ich nur sagen, daß ich zur damaligen Zeit keinen anderen Staatsanwalt in Stadelheim als den Dr. R ö m e r erlebt habe.«

Man suchte Dr. Walter Roemer – und wurde fündig. Er residierte inzwischen als unangreifbarer Ministerialdirektor in der Rosenburg, jenem Gebäude, dass der Zoologe, Paläontologe und Mineraloge Georg August Goldfuß 1831 am Venusberg in Bonn-Kessenich erbauen ließ und in dem ab 1950 das Bundesministerium der Justiz untergebracht war.

Man schützte sich gegenseitig. Es waren Juristen, ausgewiesene Rechtsexperten, die im Nationalsozialismus Karriere gemacht hatten und nun auf der Rosenburg Gesetze nach ihrem Gusto machten, sich gegenseitig schützten und ihre Karriere fortsetzten. Es mutet selbst in dieser Hemisphäre schon ein wenig sonderbar an, dass Walter Roemer qua seines Amtes als der Nestor verfassungsrechtlicher Fragen und damit als Hüter des Grundgesetzes und der Grund- und Menschenrechte galt.

Roemer gab im Laufe seiner Karriere sogar zu, dass er Todesurteile vollstrecken ließ. Von sich behauptete er, dass er während des Kriegs etwa 25 Hinrichtungen beigewohnt habe. Das seien vor allem Mörder und andere Berufseinbrecher gewesen. In Wahrheit dürften es mehr als 1000 gewesen sein. Aber Roemer saß fest im Sattel. Im März 1955 fand es sogar der SPD-Politiker Adolf Arndt »sinnlos und unanständig«, Roemer aus der Tätigkeit als Vollstreckungsstaatsanwalt einen Vorwurf zu machen. Roemer erklärte er wörtlich: »Die Angriffe auf Sie empören mich.«

Selbst als die »Leipziger Zeitung« am 8. Oktober 1960 Roemer als den

»Mörder der Geschwister Scholl« bezeichnete, gab es keine zielführenden Ermittlungen auf bundesdeutscher Seite. Das war auch jetzt so: Während Johann Reichhart offiziell vernommen wurde, führte man mit Walter Roemer ein »informationelles Gespräch«. Doch nach diesem Termin bekam Walter Roemer offenbar kalte Füße, denn er schrieb ein paar Tage später einen vertraulichen Brief an die Münchner Staatsanwaltschaft. Neben ein paar beschwichtigenden, freundlichen Einlassungen erklärte er darin den Kollegen in München kurzerhand, dass er Johann Reichhart offenbar noch nie sympathisch war. Mit wenigen Sätzen versuchte er, die ganze Angelegenheit auf eine persönliche Ebene zu schieben.

Er vergaß dabei auch nicht zu erwähnen, dass es ihm in den letzten Kriegsmonaten gelungen sei, mehr als 130 französische Widerstandskämpfer vor der Hinrichtung zu bewahren. So eine Behauptung machte sich natürlich in der Ära der deutsch-französischen Freundschaft unglaublich gut. Die Angelegenheit war für Roemer damit beendet. Aber auch für Johann Reichhart ging diese Sache glimpflich aus: Die Ermittlungen wurden eingestellt.

Leben im toten Winkel

Sieben Jahre später starb Johann Reichhart im Krankenhaus des oberbayerischen Dorfen. Die letzte Runde seines Lebens hatte er in einem Pflegeheim in München-Neuperlach begonnen, später war er in das oberbayerische Pflegeheim Algasing bei Dorfen überstellt worden. Hier war er vollkommen vereinsamt und wurde von den Mitbewohnern komplett gemieden. Reichhart wurde im Familiengrab auf dem Münchner Ostfriedhof beerdigt. Sein Onkel Franz Xaver, von dem er einst das Amt übernommen hatte, war übrigens auch als Henker ein frommer Mann gewesen. Er vermachte der katholischen Kirche sein Vermögen. Trotzdem stellte die Kirche die für 99 Jahre im Voraus bezahlten Seelenmessen ohne Erklärungen ein. Das recht opulente Familiengrab war bis 2048 gekauft worden.

Völlig vereinsamt: Hundeliebhaber Reichhart

Mit dem Tod Johann Reichharts endete die Geschichte der Todesstrafe in Deutschland nicht. Eigentlich endete sie erst Ende Oktober 2018 durch einen Volksentscheid, in dem die hessischen Wähler sich dafür entschieden, den Passus Todesstrafe in ihrer Landesverfassung ersatzlos zu streichen. Da das Grundgesetz immer über einer Landesverfassung steht, wäre sie zumindest nach dem 23. Mai 1949 nicht zur Anwendung gekommen. In Bayern wurde sie 1998 aus der Verfassung gestrichen, in Hessen erst im Oktober 2018 per Volksentscheid. Grund dafür war der Umstand, dass dies im Zusammenhang mit einer großen Verfassungsreform getan werden sollte. Ist Hessen zu einer späten Einsicht gekommen? Allzu leicht sollte man das Urteil nicht fällen.

Einer der beiden letzten der in Hessen zum Tod Verurteilten, der mit der Gründung der Bundesrepublik Deutschland und dem in Kraft tretenden Grundgesetz seiner Hinrichtung entging, war der nicht einmal 40-jährige Hans Bodo Gorgaß, der als sogenannter Vergasungsarzt mindestens 1000 Menschen mit geistiger Behinderung umgebracht hatte. Das Urteil wurde nach Inkrafttreten des Grundgesetzes am 23. Mai 1949 und der damit abgeschafften Todesstrafe in eine lebenslange Zuchthausstrafe umgewandelt. Schließlich wurde er 1958 vom hessischen Ministerpräsidenten Georg-August Zinn – seines Zeichens auch Jurist – begnadigt, aus der Haft entlassen und begann seine Nachkriegskarriere bei einem Pharmakonzern in Bielefeld. Gorgaß wurde 84 Jahre alt.

Mit Johann Reichhart starb der letzte Henker, der in Westdeutschland gelebt hatte. In der DDR sah es anders aus. Es wurden zwischen 1949 und 1989 227 Todesstrafen ausgesprochen, davon aber weniger als 160 auch vollstreckt. Neben NS-Verbrechern wie Josef Bölsche, der an der Niederschlagung des Aufstandes im Warschauer Ghetto beteiligt gewesen war, gab es Todesurteile gegen Personen, die in Spionagefälle aktiv verwickelt waren, aber auch gegen Mehrfachmörder. Die beiden letzten unpolitischen Mörder wurden in der DDR durch Genickschuss am 2. Oktober 1973 hingerichtet: der Mörder Werner Liebig und der Oberleutnant der Grenztruppen Horst Günther Dohle, der zwei Jahre zuvor seine Frau und seine Tochter ermordet hatte. Das letzte Todesurteil in der DDR wurde am 26. Juni 1981 gegen den 39-jährigen Stasi-Hauptmann Werner Teske wegen Spionage in der zur Hinrichtungsstätte umgebauten ehemaligen Hausmeisterwohnung der Vollzugsanstalt Leipzig vollstreckt. Bis 1968 war noch geköpft worden. Die Guillotine selbst stand im ehemaligen Kinderzimmer.

Selbst nach DDR-Recht hätte die Todesstrafe gegen Teske nicht verhängt werden dürfen, da die konkrete Spionage gar nicht nachgewiesen werden konnte, sondern ein reines Gedankenspiel war. Teske hatte Operativgelder veruntreut und seit Mitte der 1970er-Jahre mit dem Gedanken gespielt, aus der DDR zu flüchten. In der DDR wurde die Todesstrafe sogar erst 1987 offiziell abgeschafft, 40 Jahre nachdem Johann Reichhart das letzte Mal ein Todesurteil vollstreckt hatte.

Unbegrenzte Fassungslosigkeit

Reichharts Lebensspanne umfasst die Zäsur, die die Moderne gleichermaßen zur Geburtsstunde von vollendeter Technik und eines zivilisatorischen Abgrunds machte: Zehn Jahre nach Reichharts Geburt fand der erste Motorflug statt. Als er etwas mehr als die Hälfte seines Lebens überschritten hatte, flogen die ersten Düsenflugzeuge und wurden Atombomben gezündet. Drei Jahre vor seinem Tod stand mit Neil Armstrong der erste Mensch auf dem Mond.

In der Zeit, in der er immer wieder das Fallschwert mit einem einfachen, geübten Handgriff auslöste, um Menschen – darunter auch Geistliche und sogenannte Rundfunkverbrecher, deren Vergehen darin bestanden hatte, beispielsweise Radio Vatikan oder BBC London gehört zu haben – das Leben zu nehmen, wurden die Vorläufer der ersten Computer entwickelt, die Vereinten Nationen gegründet und die Abgründe der menschlichen Psyche beinahe anatomisch weiter erforscht.

Sich Johann Reichhart zu nähern, ist im wahrsten Sinne des Wortes der Beginn einer fragwürdigen Reise. Fragwürdig deshalb, weil man nach den einzelnen Antworten oft lange suchen muss, wie auf die Frage nämlich, wie Johann Reichhart sein Leben überhaupt ausgehalten hat und wie er tun konnte, was er tat.

Keine Frage, sein Leben war tragisch, aber vor allem löste es Tragik aus. Wer sich mit diesem aus dem öffentlichen Bewusstsein abhandengekommenen Leben beschäftigt, muss sich mit widersprüchlichen, selbstgerechten und widersinnigen Rechtfertigungen genauso wie mit falschen Beschuldigungen, gefälligen Entlastungen und Erfindungen auseinandersetzen.

War Johann Reichhart einer, der ganz aus dem Weltbild der Deutschen entsprungen war, um als einer der ihren mehr Mitläufer als Mittäter zu sein? Die Todesstrafe war als lebensbeendendes Sanktionsmittel durchaus eine Strafe der Neuzeit und einer sonderbaren, dornenreich blühenden Zivilisation. War Reichhart ausschließlich einer jener Charaktere, ohne die der nationalsozialistische Unrechtsstaat nur halb so gut funktioniert hätte?

Was bleibt, ist Fassungslosigkeit. Fassungslosigkeit kann im besten Fall Verantwortung provozieren. Der hessische Generalstaatsanwalt Fritz Bauer, der auch die Auschwitz-Prozesse möglich gemacht hatte, sagte 1964 in der Talkshow *Heute Abend im Kellerclub* über die Verstrickungen normaler Menschen in das nationalsozialistische Terrorregime: »[…] was die Leute nicht hören wollen, das ist, dass es in unserem Leben eine Grenze gibt, wo wir nicht mehr mitmachen dürfen.«

Diese Grenze hat es für Johann Reichhart nie gegeben. Er verließ sich darauf, für höhere Mächte zu richten. Ihnen allein glaubte er Rechenschaft schuldig zu sein, damit war er von allen guten Geistern verlassen und viele seiner Zeitgenossen verurteilten ihn auf ihre Weise. Er wurde nicht zum Tod verurteilt – er erhielt lebenslänglich: lebenslänglich Henker der Geschwister Scholl und das über seinen Tod hinaus.

Dank

Der Autor hat das Buch geschrieben, aber was wäre er ohne die Sympathisanten, die seine Arbeit mit Enthusiasmus, Anmerkungen und Anregungen begleiten würden? Darum danke ich von ganzem Herzen meiner großartigen Lektorin Dietlind Pedarnig, den Mitarbeitern des Bayerischen Hauptstaatsarchivs, dem wunderbaren Fotografen Andy Fox, der mich immer wieder auf den vielen Touren zu den Wirkungsstätten Johann Reichharts begleitete, und meinen Eltern Manfred und Gisela Ernst, die mein unstillbares Interesse an erlebter Geschichte und an Menschen mit ihrer Geschichte schon seit meiner frühen Kindheit liebevoll und nachsichtig unterstützten. Ein besonderer Dank gilt Gladys Hannemann, meiner nimmermüden Erstleserin, Gedankenanregerin, Korrektorin, großen Unterstützerin und leidenschaftlichen Mitdenkerin.

Bildnachweis

Andy Fox: S. 53
Gedenkstätte Deutscher Widerstand: S. 18
Gemeindearchiv Neubiberg: S. 46
picture alliance: S. 13 (Mary Evans Picture Library), 157 (dpa-Bildarchiv)
privat: S. 90
Roland Ernst: S. 22, 74, 79
Stadtarchiv München: S. 16 (DE-1992-FS-NL-KV-0292), 26 (DE-1992-FS-NL-KV-2157), S. 27 (DE-1992-FS-NL-KV-2156)
Süddeutsche Zeitung Photo: S. 10, 160, 171, 186